PLANO DE NEGÓCIOS
UMA FERRAMENTA DE GESTÃO

SÉRIE PLANO DE NEGÓCIOS

PLANO DE NEGÓCIOS
UMA FERRAMENTA DE GESTÃO

PAULO RICARDO ZAVADIL

EDITORA
intersaberes

EDITORA intersaberes

Rua Clara Vendramin, 58 . Mossunguê
CEP 81200-170 . Curitiba . PR . Brasil
Fone: [41] 2106-4170 . www.intersaberes.com . editora@editoraintersaberes.com.br

Dr. Ivo José Both (presidente)	Conselho editorial
Drª Elena Godoy	
Dr. Nelson Luís Dias	
Dr. Neri dos Santos	
Dr. Ulf Gregor Baranow	
Lindsay Azambuja	Editora-chefe
Ariadne Nunes Wenger	Supervisora editorial
Ariel Martins	Analista editorial
Amanda Santos Borges	Preparação de originais
Danielle Scholtz	Iconografia
Gabriel Plácido Teixeira da Silva	Revisão de texto
Roberto Querido	Capa, projeto gráfico e diagramação

Informamos que é de inteira responsabilidade do autor a emissão de conceitos.

Nenhuma parte desta publicação poderá ser reproduzida por qualquer meio ou forma sem a prévia autorização da Editora InterSaberes.

A violação dos direitos autorais é crime estabelecido na Lei nº 9.610/1998 e punido pelo art. 184 do Código Penal.

Foi feito depósito legal.

1ª edição, 2013

Dados Internacionais de Catalogação na Publicação (CIP)
(Câmara Brasileira do Livro, SP, Brasil)

Zavadil, Paulo Ricardo
    Plano de negócios: uma ferramenta de gestão / Paulo Ricardo Zavadil. – Curitiba: InterSaberes, 2012. – (Série Plano de negócios)

    Bibliografia
    ISBN 978-85-65704-78-6

    1. Administração de empresas 2. Empreendimentos 3. Plano de negócios I. Título. II. Série.

12-07554   ·   CDD 658.4012

Índices para catálogo sistemático:
1. Plano de negócios: Empreedimentos: Administração de empresas 658.4012

Sumário

Agradecimentos, 9

Prefácio, 11

Apresentação, 13

Parte 1, 17

1 – Plano de negócios: uma visão geral, 20

    1.1 – Planejamento, 22

    1.2 – Planejamento estratégico, 23

    1.3 – Por que devemos escrever um plano de negócios?, 26

    1.4 – As principais partes de um plano de negócios, 28

2 – Como iniciar um plano de negócios, 38
    2.1 – Ideias e oportunidades, 41
    2.2 – A avaliação de uma oportunidade, 43
    2.3 – O conhecimento do negócio, 48
    2.4 – A preparação e a apresentação de um plano de negócios, 49

3 – Definindo o produto e conhecendo o mercado, 54
    3.1 – Definindo o produto/serviço, 58
    3.2 – Estudando o mercado, 61

4 – As estratégias de *marketing*, 76
    4.1 – Posicionando o produto/serviço no mercado, 79
    4.2 – Definindo as estratégias de *marketing*, 80

5 – A constituição da empresa, 92
    5.1 – Formas de constituição e organização geral, 95
    5.2 – Localização e espaço físico, 97
    5.3 – Infraestrutura, 99
    5.4 – Recursos humanos, 100
    5.5 – A operação da empresa, 103
    5.6 – A administração geral, 110

6 – O planejamento financeiro, 118
    6.1 – As necessidades financeiras iniciais, 121
    6.2 – As necessidades financeiras do dia a dia, 122
    6.3 – As decisões que envolvem as finanças, 125
    6.4 – As questões fiscais, tributárias e contábeis, 127
    6.5 – A viabilidade do negócio, 129

7 – Escrevendo o plano de negócios, 136
    7.1 – O sumário ou (resumo) executivo, 139
    7.2 – A empresa, 141
    7.3 – O plano de *marketing*, 143
    7.4 – O plano financeiro, 147

Parte 2, 153

Modelo de plano de negócios, 155

1 – Sumário executivo, 156
  1.1 – Enunciado do projeto, 156
  1.2 – Competência dos responsáveis, 156
  1.3 – Os serviços, 157
  1.4 – Elementos de diferenciação, 157

2 – A empresa, 158
  2.1 – Definição da empresa, 158
  2.2 – Estrutura organizacional e legal, 160
  2.3 – Estrutura funcional, diretoria, gerência e *staff*, 162
  2.4 – Plano de operações, 169

3 – Plano de *marketing*, 176
  3.1 – Análise de mercado, 176
  3.2 – O setor, 185
  3.3 – A pesquisa mercadológica, 187
  3.4 – Análise SWOT, 200
  3.5 – Consumidores potenciais e segmentação, 202
  3.6 – Concorrentes, 204
  3.7 – Fornecedores, 206
  3.8 – Estratégias de *marketing*, 211

4 – Plano financeiro, 216
  4.1 – Investimento inicial, 216
  4.2 – Custos fixos, 222
  4.3 – Capital de giro, 224
  4.4 – Projeção de resultados, 225
  4.5 – Ponto de equilíbrio, 245
  4.6 – Análise dos investimentos, 247

5 – Viabilidade do plano, 250

Para concluir..., 251

Glossário, 252

Referências, 257

Respostas, 261

Sobre o autor, 265

Agradecimentos

Quando nos propomos a escrever um livro, vários fatores nos influenciam antes, durante e após tomarmos essa decisão: o convite para escrevê-lo, o incentivo de várias pessoas para que o processo possa ser iniciado, a participação de outras tantas no momento em que estamos desenvolvendo o trabalho e, por fim, o envolvimento de alguns profissionais na finalização do processo, ou seja, em sua publicação. Dessa forma é, grande o número de pessoas a quem gostaria de agradecer, mas, infelizmente, isso pode fazer com que me esqueça de nomes importantes nessa relação. Assim, por meio de alguns nomes que citarei neste momento de agradecimento, espero poder agradecer a todos os envolvidos.

Agradeço aos professores Robson Seleme e Carlos Frederico Andrade e a todos que, conforme eles, incentivaram a realização dessa obra, dando motivos para que ela pudesse se tornar realidade.

Não poderia esquecer de citar aqui meu irmão e sócio, Ladislau Zavadil Neto, pois, juntos, desenvolvemos vários trabalhos nos quais os planos de negócio eram o foco das atividades, o que permitiu o aprimoramento dos conteúdos apresentados nesta obra.

Gostaria de agradecer à minha esposa Evana e aos meus filhos Diego e Júlia, os quais, apesar de em vários momentos ficarem sem a minha companhia, devido ao tempo dedicado à elaboração deste livro, apoiaram-me e me incentivaram para que este trabalho pudesse ser concretizado.

Agradeço, também, à minha ex-aluna Mônica Thieme, que autorizou a publicação, neste livro, do plano de negócios elaborado por ela, sob minha supervisão, durante o curso de Administração de Empresas. Essa contribuição foi fundamental para a concretização desta obra.

Por fim, gostaria de agradecer a Deus por ter me permitido conhecer todas essas pessoas que, de alguma forma, estiveram envolvidas na realização deste trabalho e com as quais, em alguns momentos, pude conviver.

Prefácio

Em 1997, quando ainda trabalhava como gerente-geral de uma empresa *holding*, surgiu a ideia de criar minha própria empresa. Como tive várias dúvidas quanto ao tipo de negócio a ser desenvolvido, resolvi pesquisar a respeito do processo de criação de empresas, pois não possuía conhecimento suficiente para estruturar o empreendimento. Em outras palavras, eu não sabia por onde começar a montar o negócio. Foi com base nessa pesquisa, realizada por meio de *sites* e bibliografia a respeito do assunto – os quais na época, ainda eram escassos –, que tive o primeiro contato com um plano de negócios.

Quando comecei a estruturar meu próprio plano de negócios, percebi que um grande volume de informações teria de ser buscado e que, além disso, seria necessário muito estudo a respeito do empreendimento.

Assim, após desenvolver a ideia, era necessário colocar no papel todas as informações adquiridas, de forma ordenada. Entretanto, em todas as pesquisas realizadas a respeito desse assunto, o que eu encontrava era uma estrutura de como o plano de negócios deveria ser apresentado, o que ainda não dava noção de como começar o negócio.

Não é importante, nesse momento, contar a história completa do empreendimento, mas, sim, dizer que, ao final de 1997, a empresa estava estruturada e passou a funcionar.

Em 2000, a convite de um amigo, comecei a lecionar a disciplina de Empreendedorismo em uma instituição de ensino superior, pois, após três anos de atuação no mercado com minha empresa, eu já tinha aprendido muito a respeito do assunto e vi que podia transmitir um pouco de conhecimento dessa área aos meus alunos, principalmente àqueles que queriam estruturar seu próprio negócio.

Em 2010, surgiu a possibilidade de apresentar algumas dessas experiências, vividas em 13 anos de empresa e 10 de docência, num livro que possui a finalidade de dar um "rumo" às pessoas que desejam estruturar seus próprios empreendimentos, sejam esses novos, sejam esses já existentes, para os quais a confecção de um plano de negócios passa a ser, acima de tudo, uma forma de conhecer a empresa e de dar um pouco mais de previsibilidade à sua entrada, atuação e permanência no mercado.

Apresentação

Este livro tem a intenção de permitir a você, leitor, a identificação da necessidade de elaboração de um plano de negócios, tanto na abertura de um empreendimento novo quanto na revisão periódica do atual modelo de negócios de um empreendimento já existente, permitindo-lhe conhecer e organizar, de forma adequada, as etapas dessa elaboração.

Diferenciando-se das bibliografias já existentes na área, a proposta deste livro é a **de reduzir o espaço dedicado aos conceitos de disciplinas que envolvem a elaboração de um plano de negócios**, como Empreendedorismo, Estratégias de Gestão, *Marketing*, Finanças, entre outras, e **focar nas questões pertinentes ao momento da confecção de um plano de negócios**. Isso não quer dizer que tais conceitos não sejam importantes e não devam ser estudados; entretanto, é por meio dos questionamentos levantados durante o desenvolvimento do plano de negócios que podemos traçar uma linha de trabalho a ser seguida e fazer o levantamento das informações, dos materiais e das bibliografias necessários para embasarmos o plano em questão.

> A ideia dessa diferenciação surgiu de experiências, tanto em minha vida profissional com a criação de uma empresa, como na vida acadêmica, em que, lecionando a disciplina de Empreendedorismo, encontrei muitas pessoas que tinham o sonho de se tornarem empreendedores e vinham me perguntar a respeito de como deveriam fazer para começar a escrever um plano de negócios, e com isso, minimizar os riscos de seu empreendimento. O mesmo ocorria com empresários que, tentando expandir seus negócios, buscavam alternativas de planejamento e tomavam conhecimento da ferramenta essencial que é o plano de negócios vindo, então, procurar minha ajuda para elaborá-lo. Nas duas situações, o que eu percebia é que a ideia do produto/serviço já estava formatada e a oportunidade já havia sido detectada, ficando somente a dificuldade de saber por onde começar a escrever as partes do plano e que conteúdos deveriam ser apresentados em cada uma dessas partes.

Portanto, a finalidade primeira desta obra não é a de ensinar o empreendedor a entender tudo de estratégia, de *marketing* e de finanças, mas, sim, a de ajudá-lo a sanar suas dúvidas em relação a uma questão básica: Por onde começar a escrever um plano de negócios?

Assim, para atingir esse intento, **esta obra foi dividida em duas partes**. Na primeira, dividida em sete capítulos, apresentamos uma série de informações e orientações ao empreendedor, as quais são, depois, aplicadas a um modelo real de negócios, que constitui a segunda parte.

No **primeiro capítulo**, apresentamos uma visão geral de um plano de negócios, com os conceitos de planejamento, suas principais partes e a importância de escrevermos um plano de negócios quando a intenção é a criação de um novo empreendimento, seja com a criação de uma nova empresa, seja com o desenvolvimento de uma empresa já existente. No **segundo**, intentamos mostrar por onde devemos iniciar os estudos para a elaboração de um plano de negócios. Foram apresentados conceitos e

Apresentação

também oportunidades que se apresentam ao empreendedor, além da forma de avaliação de uma destas. Do **terceiro ao sexto capítulos**, seguindo uma sequência de elaboração, procuramos, por meio de vários questionamentos, induzir o empreendedor a buscar as informações necessárias para a confecção do plano de negócios, com a definição do produto/serviço, o conhecimento do mercado, as estratégias de *marketing*, a constituição da empresa e o planejamento financeiro do empreendimento. No **sétimo capítulo**, intentamos mostrar a apresentação escrita de um plano de negócios, com suas principais partes e conteúdos.

> Portanto, a finalidade primeira desta obra não é a de ensinar o empreendedor a entender tudo de estratégia, marketing e finanças, mas, sim, a de ajudá-lo a sanar suas dúvidas em relação a uma questão básica: "Por onde devo começar a escrever um plano de negócios?".

Por fim, **na segunda parte**, procuramos mostrar a aplicação de todo o conteúdo dos capítulos anteriores, de forma prática, com um modelo detalhado de elaboração e confecção de um plano de negócios para um empreendimento, o qual serve de roteiro para que você possa construir seu próprio plano de negócios.

Parte 1

O nosso objetivo nos próximos sete capítulos do livro é apresentar algo prático, que tenha uma sequência possível de ser interpretada e entendida, de modo a facilitar a elaboração de um plano de negócios.

Por que fizemos isso? Você pode observar que, quando queremos estruturar um empreendimento, ouvimos falar que precisamos fazer o planejamento do negócio. Contudo, muitas vezes não sabemos bem o que isso significa nem por onde começar a planejar.

Na busca por conhecimentos sobre o assunto, encontramos grande quantidade de informações conceituais sobre gestão, subdivididas nas várias áreas de conhecimento da administração de empresas (produção, *marketing*, recursos humanos, finanças, estratégia empresarial, entre outras), que nem sempre são fáceis de compreender e de associar ao que devemos levar em consideração no nosso planejamento. Essa dificuldade aumenta quando percebemos que o planejamento nos leva a pensar no futuro do empreendimento, pois pressupõe que teremos de fazer previsões do que irá ocorrer com o nosso negócio daqui a três, quatro ou cinco anos, o que leva à incerteza quanto aos dados a serem apresentados em nosso planejamento.

No entanto, para facilitar o planejamento, temos um documento que nos permite, devido à sua estrutura, colocar todas as informações juntas e de forma ordenada, proporcionando uma visão abrangente do empreendimento como um todo. A esse documento damos o nome de *plano de negócios*.

> O plano de negócios é usado para descrever o planejamento de uma empresa e a sua linha central de atuação. Ele nos leva a pensar no futuro do negócio, permitindo avaliar riscos e identificar soluções, estabelecer metas de desempenho e criar pontos de checagem. Dessa maneira, além de ser um documento para o planejamento estratégico do empreendimento, o plano de negócios é uma ferramenta operacional que nos permite aprender mais a respeito do negócio e acompanhar sua evolução atual e futura na empresa. Quando bem elaborado, o plano poderá auxiliar na compreensão do negócio e de muitos pontos que, sem esse registro, seriam desconhecidos.

Obviamente, como qualquer ferramenta de planejamento, de tempos em tempos o plano de negócios deverá sofrer ajustes, pois, como você perceberá mais adiante, o dinamismo da empresa é maior que a nossa capacidade de identificar todos os acontecimentos futuros. Assim, não podemos ir "contra a maré" somente porque colocamos uma posição no papel e não queremos modificá-la. Quanto mais experiência no negócio você tiver, mais facilmente perceberá a necessidade de modificações periódicas no seu planejamento, para ajustá-lo às novas condições da empresa e de tudo que possa afetá-la, mantendo o plano de negócios sempre atual e diminuindo a possibilidade de que a situação fuja de seu controle.

Contudo, você pode estar pensando: "Conheço pessoas que são bem sucedidas em seus negócios, mas não me lembro de comentarem nada a respeito de terem elaborado um plano de negócios quando do início de suas atividades". O que podemos lhe dizer é que o sucesso de um empreendimento está ligado a uma criteriosa autoanálise, ao conhecimento do negócio e, mais especificamente, do setor em que você irá atuar. Dessa forma, você precisa ter em mente que é importante conhecer bem o perfil de seus clientes e suas necessidades, pois serão estas que definirão se você terá chances de ser bem sucedido naquilo que está pensando em realizar.

> **Importante**
> É preciso que identifiquemos as necessidades futuras de nossos clientes, e não as atuais. Se todas as empresas que surgirem levarem em conta somente as necessidades atuais de seus clientes, teremos uma infinidade de produtos semelhantes no mercado e, certamente, nossa empresa será apenas mais uma a vender esses produtos. Isso proporcionará poucas chances de nos diferenciarmos de nossos concorrentes e obtermos o sucesso esperado.

É nesse contexto que o plano de negócios pode se tornar um facilitador, pois, ao colocarmos no papel nossas reflexões a respeito de uma ideia ou oportunidade, poderemos aprender mais sobre o negócio e conhecermos pontos que sequer podiam ser imaginados enquanto eram somente pensamento e intuição. Isso não quer dizer que estaremos fadados ao fracasso caso não façamos um plano de negócios; contudo, sem ele será mais difícil o acompanhamento do empreendimento e estaremos sujeitos a ter de realizar muito mais modificações na trajetória deste do que se nos dispusermos a planejar melhor nossa atuação no mercado.

capítulo

Plano de negócios: uma visão geral

01

Conteúdos do capítulo:

- Conceitos de planejamento, estratégia e planejamento estratégico;
- Relacionamento entre plano de negócios e planejamento estratégico;
- Justificativa para escrever um plano de negócios;
- A quem se destina o plano de negócios;
- A estrutura básica de um plano de negócios;
- Por onde devemos começar um plano de negócios;
- Quais as partes mais importantes de um plano de negócios.

Após o estudo deste capítulo, você será capaz de:

- estabelecer as razões para a criação de um plano de negócios;
- delinear a estrutura básica de um plano de negócios;
- descrever por onde se deve começar um plano de negócios;
- identificar as partes mais importantes de um plano de negócios.

Para que possamos compreender o que é e quais são os aspectos que envolvem um plano de negócios, primeiramente devemos entender alguns conceitos fundamentais que envolvem o planejamento.

1.1 Planejamento

Podemos definir *planejamento* como um processo desenvolvido para alcançar uma situação desejada, de modo eficaz, com aproveitamento máximo dos recursos disponíveis. O fato de o planejamento ser um estado futuro desejado implica que ele **sempre deverá anteceder às decisões e às ações a serem tomadas**. O planejamento pode ser dividido em três tipos:

- **Planejamento estratégico** – Está relacionado aos objetivos de longo prazo e às ações necessárias para alcançá-los. Geralmente, é de responsabilidade da alta direção e atinge a empresa como um todo.
- **Planejamento tático** – Está relacionado aos objetivos de curto prazo e às ações que afetam somente parte da empresa, sendo desenvolvido em níveis inferiores da organização.
- **Planejamento operacional** – É a formulação dos planos de ação do que até então foi definido como planejamento estratégico e tático da organização.

Por meio da Figura 1.1 podemos, de modo geral, entender de que níveis hierárquicos da organização devem partir as diretrizes e as decisões de cada tipo de planejamento.

Figura 1.1 – Pirâmide hierárquica das organizações

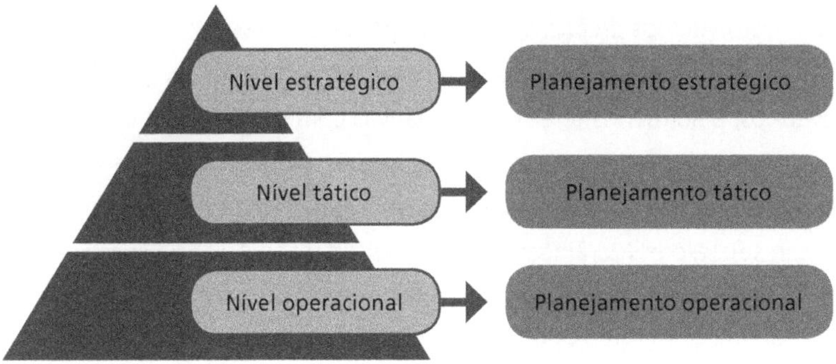

Nível estratégico → Planejamento estratégico
Nível tático → Planejamento tático
Nível operacional → Planejamento operacional

Fonte: Adaptado de Oliveira, 2002, p. 45.

1.2 Planejamento estratégico

O planejamento estratégico pode ser considerado como um processo administrativo, formalizado em um documento, que estabelece a melhor direção a ser seguida por uma organização. Para que essa formalização exista, precisamos ter claras as estratégias que darão sustentação a ela, permitindo que as empresas concorram e se diferenciem no sistema ou no ambiente em que estão inseridas. Pressupõe-se que as estratégias sempre antecedem o planejamento estratégico, mas podemos ter uma via de mão dupla, em que a formalização do documento do planejamento estratégico pode nos fazer pensar em novas estratégias para o futuro da organização.

Para definirmos as estratégias e formularmos o planejamento estratégico, podemos levar em conta os dados do passado que servirão como base para o futuro, dando-nos subsídios de informações para que possamos traçar os planos, com objetivos bem definidos e metas a serem alcançadas em um determinado período de tempo. Em contrapartida, não devemos esquecer que as condições estabelecidas no passado nem sempre permanecerão no futuro, sendo que teremos de estar preparados para realizar as mudanças necessárias, com a velocidade que o mercado irá nos impor. Portanto, o planejamento estratégico, em sua formulação, procura fazer com que evitemos prejuízos, antecipando problemas caso ocorram mudanças nas condições ambientais do empreendimento. Se não conseguirmos evitá-los, pelo menos teremos alternativas para suas consequências.

Um planejamento estratégico bem elaborado deve considerar fatores como: visão (aonde a empresa pretende chegar); missão (a razão de ser da empresa); valores (parâmetros éticos e sociais da empresa na busca de seus objetivos); competências (transformação das atividades fundamentais da cadeia de valores em benefícios para o cliente); oportunidades e ameaças (ambiente externo à organização); pontos fortes e fracos da empresa em relação ao negócio (ambiente interno da organização); definição de objetivos (traduz a busca pelos resultados e o caminho a ser perseguido para que a empresa cumpra com a sua missão); metas (associadas aos objetivos, ou seja, como e quando serão atingidos os objetivos); estratégias (forma como a empresa atuará no mercado para atingir suas metas e seus objetivos); e formas de controle (verificação, em intervalos de tempo regulares, do alcance dos resultados).

Assim, na administração de uma organização, quando nos reportamos à estratégia, estamos nos referindo ao ato de pensar no futuro da empresa, ou seja, nas decisões a serem tomadas e que afetarão as ações a serem desenvolvidas. Em outras palavras, **estratégia** é pensar "no que" e "por quê" fazer; **planejamento estratégico** é colocar no papel o "como", o "onde" e o "quando" fazer.

A Figura 1.2 mostra as partes e o inter-relacionamento de um modelo de planejamento estratégico.

Figura 1.2 – Modelo de planejamento estratégico

```
Capacidade          Missão e           Previsões para
de avaliação        visão              o ambiente
     |                 |                    |
     v                 |                    v
Pontos fortes e        |              Oportunidades
pontos fracos          v              e ameaças
     +----------> Definir obje- <----------+
                  tivos de longo
                  prazo
                       |
                       v
                  Desenvolver
                  a estratégia
     +<----------      |
     v                 v
Implementar       Avaliar e con-
a estratégia ---> trolar
                  a estratégia
```

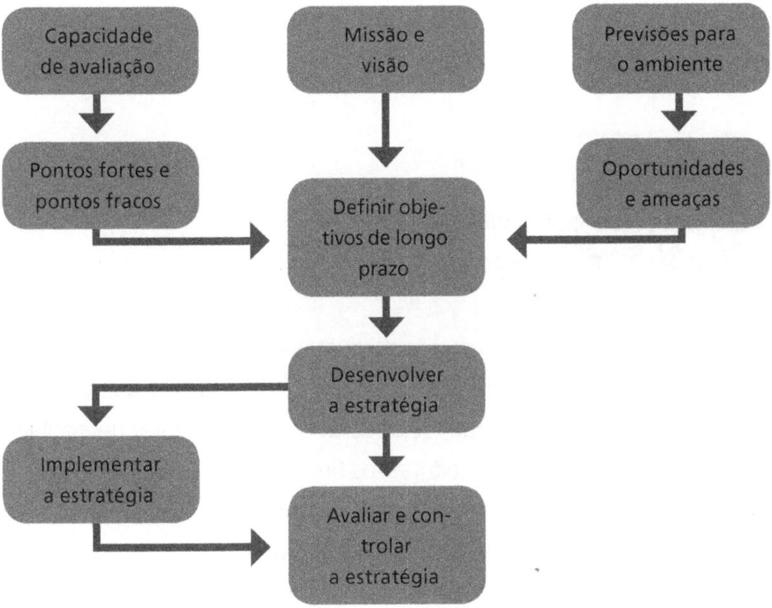

Fonte: Adaptado de Oliveira, citado por Kotler, 2002, p. 33.

Com base na análise do modelo apresentado anteriormente, podemos verificar que, para definirmos os objetivos de longo prazo, precisamos avaliar os pontos fortes e os fracos da empresa, bem como as oportunidades e as ameaças que se apresentam. Além disso, todos os objetivos traçados precisam ser coerentes com a visão (definição

> Em outras palavras, estratégia é pensar "no que" e "por quê" fazer; planejamento estratégico é colocar no papel o "como", o "onde" e o "quando" fazer.

das intenções e da direção que pretendemos seguir) e a missão (declaração da razão de ser da empresa, o seu propósito e o que ela faz, indicando como serão realizados os negócios para atingir o que foi definido na visão) da organização.

Agora que já sabemos os conceitos básicos de planejamento, de estratégia e de planejamento estratégico, podemos começar a falar a respeito do plano de negócios, pois este engloba os conceitos de planejamento de forma ampla, utilizando em sua confecção os três níveis apresentados anteriormente.

Cabe salientarmos que o plano de negócios é uma das formas – talvez a mais utilizada – para a formalização, num documento, do planejamento estratégico de um empreendimento.

1.3 Por que devemos escrever um plano de negócios?

Neste momento, você deve estar se perguntando: "Se o plano de negócios engloba o planejamento estratégico de uma empresa, por que vejo, em muitas bibliografias que tratam desse assunto, que os leitores desse plano são os fornecedores, os investidores, os financiadores, os possíveis parceiros e até mesmo os sócios em potencial? Como divulgar minha estratégia para pessoas que poderão ser meus concorrentes?".

As respostas a essas questões são, de certa forma, bem simples de serem dadas.

A confecção de planos de negócios começou a se popularizar no início da década de 1990, com o programa Softex, que incentivava a criação de *softwares* para exportação, e com o surgimento do Serviço Brasileiro de Apoio às Micro e Pequenas Empresas (Sebrae). Porém, a sua importância, naquela época, era somente a de mostrar como o empreendimento se comportaria financeiramente, com a finalidade básica de obtenção de recursos e a demonstração de que a empresa teria condições de devolver esses recursos às instituições financeiras, aos sócios capitalistas, aos sócios investidores e às outras fontes que pudessem suprir as empresas desses recursos. O plano de negócios foi a forma encontrada de padronização de informações e, porque não dizer, de ter as informações, pois, antes disso, quando se precisava de recursos, só existiam as informações cadastrais, geralmente dos donos da empresa e, no caso de empresas já existentes, as informações do passado na forma de balanços, demonstrações de resultados e fluxos de caixa, o que não era suficiente para a avaliação dos riscos para a concessão de crédito, financiamentos e, muito menos, investimentos.

Com o passar do tempo, verificou-se que o plano de negócios era muito mais do que uma forma de convencer financiadores ou investidores a participar de um empreendimento, pois, para criar o interesse deles, era necessário tornar as previsões para a empresa as mais realistas possíveis, o que demandava um conhecimento mais profundo a respeito do negócio.

A partir desse momento, os planos de negócios começaram a ser aperfeiçoados e mais informações passaram a ser incorporadas na sua confecção. A justificativa para escrever um plano de negócios passou a ser os benefícios que ele agregaria ao empreendimento, em termos de conhecimento, de todas as situações que envolvem a realização de um negócio, principalmente de planos estratégicos para a entrada ou a permanência da empresa no mercado.

Todas essas necessidades fazem com que o plano de negócios seja uma "linha mestra" de atuação da empresa, que leva os empreendedores a pensarem no futuro do negócio, tornando-se uma poderosa ferramenta de gestão, em um primeiro momento, estratégica e, na sequência, operacional.

O plano de negócios deve ser lido e relido pelo próprio empreendedor e espelhar as reais expectativas do empreendimento no que se refere ao mercado, pois só assim poderá demonstrar resultados econômico-financeiros que venham a ser interessantes para o empreendedor e para os seus eventuais parceiros no negócio.

Em seu livro *O segredo de Luísa*, Dolabela (2004) conseguiu, de forma didática, mostrar que empreendimentos, novos ou não, precisam ser planejados e, para que isso seja feito de modo eficiente, a melhor ferramenta é o plano de negócios, pois sua estrutura permite transferir para o papel as ideias que poderão ser os alicerces da empresa ou do empreendimento.

Nesse mesmo livro, Filion, citado por Dolabela (2004), define o empreendedor como aquele que "imagina, desenvolve e realiza visões". Apesar de essa definição ser simples e curta, se desmembrada em seus termos, define muito bem as etapas de empreender.

Quando falamos que o empreendedor **imagina**, referimo-nos ao processo criativo, à ideia e à oportunidade. Quando dizemos que ele **desenvolve**, fazemos referência ao processo de colocar as ideias no papel e ordená-las de modo que possamos medir seu real potencial de sucesso. Por fim, quando falamos que ele **realiza**, referimo-nos à implementação das ideias propostas, ou seja, a implementação do empreendimento. Esses três termos, quando colocados juntos, levam-nos ao processo de planejamento. Nenhum deles terá sentido sozinho, pois de que adianta possuirmos uma ideia se não a desenvolvemos e a tornamos realidade?

Voltando ao termo desenvolve do conceito de Filion, descrito por Dolabela (2004), a melhor forma para que essas ideias sejam colocadas no papel é por meio da confecção do plano de negócios, que, em suas divisões e subdivisões, permite-nos associar as partes com o planejamento estratégico, tático e operacional de um empreendimento. Dessa forma, podemos perceber que o plano de negócios é muito mais do que um apanhado de dados financeiros para permitir a busca de recursos; se bem elaborado, ele serve como uma ferramenta de gestão com múltiplas aplicações.

1.4 As principais partes de um plano de negócios

Não existe uma estrutura específica para apresentar um plano de negócios; pelo contrário, é possível encontrarmos vários modelos em bibliografias sobre o assunto. Entretanto, o mais importante é que o empreendedor, por meio desse documento, possa proporcionar o entendimento do negócio, sintetizando e explorando suas potencialidades, definindo os riscos e, principalmente, a possibilidade de alavancar os resultados do negócio no futuro.

A razão para não termos uma estrutura específica está na diferença entre cada empreendimento. Cada empresa é única e, por ser assim, tem de expressar essa unicidade no plano que será desenvolvido.

Uma proposta de estrutura de apresentação do plano de negócios será apresentada a seguir. Nessa estrutura existem quatro grandes tópicos que permitem ter uma visão do todo e, com as subdivisões e o detalhamento das partes, poderemos perceber a importância de cada uma delas.

Cabe salientarmos que a sequência a ser mostrada segue a ordem de apresentação escrita do plano de negócios, não sendo a mesma ordem de sua confecção. Na Figura 1.3, apresentaremos as divisões do plano de negócios, na Figura 1.4, as subdivisões do plano de *marketing* e, na Figura 1.5, as subdivisões do plano financeiro.

Figura 1.3 – Divisões do plano de negócios

Sumário executivo	• Síntese dos principais pontos do plano.
Empresa	• Descrição da empresa.
Plano de *marketing*	• Produtos e serviços. • Análise de mercado. • Estratégias de *marketing*.
Plano financeiro	• Estrutura de custos e de despesas. • Definição de preço. • Receitas esperadas.

Figura 1.4 – Subdivisões do plano de *marketing*

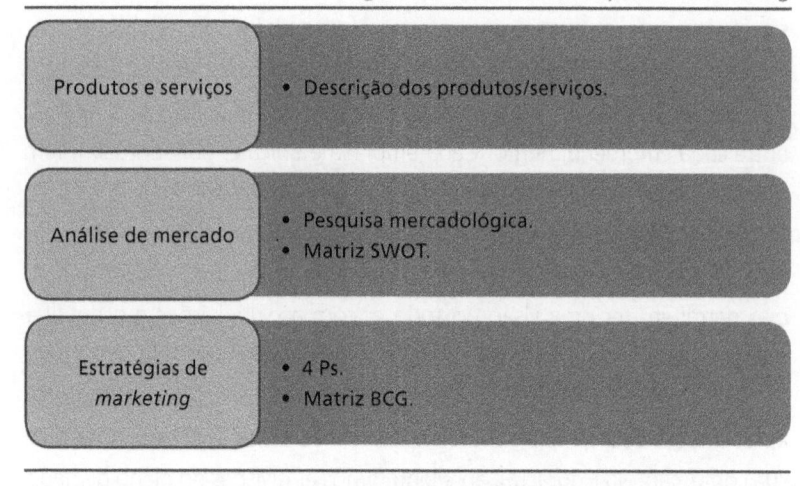

Produtos e serviços	• Descrição dos produtos/serviços.
Análise de mercado	• Pesquisa mercadológica. • Matriz SWOT.
Estratégias de *marketing*	• 4 Ps. • Matriz BCG.

Figura 1.5 – Subdivisões do plano financeiro

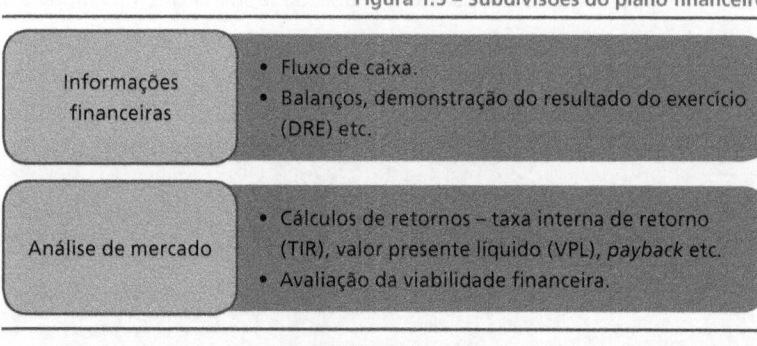

Informações financeiras	• Fluxo de caixa. • Balanços, demonstração do resultado do exercício (DRE) etc.
Análise de mercado	• Cálculos de retornos – taxa interna de retorno (TIR), valor presente líquido (VPL), *payback* etc. • Avaliação da viabilidade financeira.

Pela estrutura apresentada anteriormente, com as divisões e subdivisões de um plano de negócios, é comum, nesse momento, surgirem alguns questionamentos. Faremos a seguir uma abordagem de três dos questionamentos mais frequentes a respeito desse assunto:

01 Qual o tamanho ideal de um plano de negócios?

Não existe um tamanho considerado ideal para um plano de negócios. Como cada empreendimento possui características próprias, cada plano confeccionado variará de tamanho de acordo com as necessidades de esclarecimento de quem lerá o documento.

O tamanho do empreendimento não tem relação direta com a quantidade de páginas incluídas no plano de negócios, mas, sim, com a melhor forma de explicitar todos os dados importantes desse empreendimento. Podemos ter um bom plano de negócios com 40 ou 50 páginas, por exemplo, e, em outras situações, esse número pode aumentar devido ao nível de detalhamento de cada uma de suas partes.

Leve em consideração a coerência das informações que estarão sendo colocadas e sua facilidade de entendimento. Esqueça o número de páginas, isso só o deixará ansioso. Essa ansiedade pode prejudicar o desenvolvimento do plano, pois, no intuito de escrevermos um plano mais sucinto, podemos deixar de fora questões que serão fundamentais para o empreendimento.

02 Se a sequência apresentada não é a de confecção, por onde se deve começar?

Quando mencionamos que a sequência que estaríamos apresentando nas divisões e subdivisões do plano de negócios era a de apresentação escrita, queríamos que você percebesse que nem sempre podemos pegar um modelo e tentar encaixar dentro dele os nossos conteúdos, principalmente quando falamos em planos de negócios.

Para esclarecer, vamos pensar nas seguintes situações: se estou criando um empreendimento e descrevendo a primeira parte de meu plano de negócios, em que devo mencionar tudo a respeito da criação da empresa, como posso, nesse momento, saber a localização, o tamanho, os equipamentos necessários, a estrutura operacional e o número de funcionários se não sei ainda quem e quantos serão os meus clientes, além da quantidade de produtos que irei produzir?

Isso é só para dar um exemplo, pois aos escrevermos uma das partes do plano perceberemos que temos informações que virão de outras partes, o que cria um relacionamento e uma dependência que nos levará a pensar no todo antes de começarmos a definir cada estrutura do plano.

Temos, ainda, outra situação a considerar, pois sabemos que podemos desenvolver um plano de negócios para empresas que estão em processo de criação e para empresas já existentes e atuantes no mercado. Cada um dos planos terá, portanto, características diferentes e partes do plano a serem desenvolvidas também de formas diversas. A primeira, por exemplo, não possui histórico nem vivência de mercado; ela está tentando buscar, por meio do planejamento e do desenvolvimento do plano, um lugar nesse mercado. A segunda possui a vivência de mercado, compete nele e está tentando, com o desenvolvimento do plano, verificar as possibilidades de expandir seus negócios, com o desenvolvimento de novos produtos/serviços ou a busca por novas oportunidades que permitam essa expansão.

Assim, para que possamos responder à pergunta "Por onde devo começar o plano de negócios?", precisamos levar em conta que a resposta não será única e que dependerá do tipo de negócio e de suas características. Porém, podemos ter uma certeza: a de que **a melhor forma de iniciarmos um plano de negócios é por meio da análise de mercado**, desde que já tenhamos a definição do produto ou serviço que estaremos comercializando, pois todo o empreendimento depende de conhecermos os nossos clientes para podemos fazer com que eles comprem nossos produtos/serviços em vez dos oferecidos pelos concorrentes.

Para facilitar o entendimento do relacionamento entre as partes do plano e permitir a identificação de por onde devemos começar o plano de negócios, apresentamos, a seguir, alguns questionamentos, os quais estão divididos entre as empresas em processo de criação no mercado e as já existentes.

a) Para empresas em processo de criação:

- Como posso definir a empresa se nem ao menos defini o produto ou o serviço que fornecerei? Se já tenho o produto/serviço definido, que mercado pretendo atingir?

- Qual será o meu público-alvo, ou seja, os meus prováveis consumidores?
- Onde seria a melhor localização do meu negócio?
- A localização é importante para o meu empreendimento?
- Que tamanho deverá ter a minha empresa? Começarei pequeno e no futuro serei grande?
- Como definir o plano financeiro, em que devo especificar os recursos necessários para o investimento inicial da empresa, se nem ao menos sei qual deverá ser o tamanho ideal da empresa para produzir os produtos ou serviços de acordo com as expectativas de demanda de mercado?
- Como definir preços para poder estruturar as informações das receitas se não conheço meus custos?

b) Para empresas já existentes:

- A localização e o tamanho da empresa são suficientes para a implementação dos novos produtos ou serviços?
- Posso iniciar com a estrutura que já tenho ou isso será um limitador para o crescimento da empresa?
- Se houver necessidades financeiras de ampliação, esses recursos estão disponíveis e são gerados pelas atividades atuais ou terão que ser buscados no mercado?
- Como mensurá-los se nem ao menos sei se terei consumidores para o meu novo produto ou serviço?

Esclarecidos esses aspectos, podemos descrever nossas estratégias para atingirmos o mercado e definirmos o tamanho da empresa, além dos recursos que serão utilizados para colocarmos em prática o plano. Para facilitar ainda mais a resposta da pergunta "Por onde devo começar o plano de negócios?", dispomos em tópicos os principais pontos que devem ser descritos, pesquisados e bem entendidos para iniciarmos um plano de negócios:

- Definir um produto/serviço.
- Identificar oportunidades de mercado para esse produto/serviço.
- Estudar o mercado para identificar clientes, fornecedores e concorrentes.
- Estudar a concorrência para saber que fatores poderão influenciar o nosso sucesso ou o nosso fracasso.
- Estruturar as estratégias de atuação nesse mercado.
- Definir as estratégias, a localização e o tamanho da empresa.
- Definir a operação da empresa.
- Definir a estrutura organizacional.
- Definir os custos e as despesas.
- Definir os preços dos produtos/serviços.
- Definir as receitas.
- Projetar financeiramente o negócio.
- Determinar a viabilidade do negócio.

É importante lembrarmos que cada um dos tópicos apresentados se subdivide em vários outros, que serão detalhados e estudados mais a frente neste livro, de maneira a criarmos um documento escrito que seja eficiente para aquilo que se destina e para que não tenhamos dificuldade em definir a sequência de sua realização.

03 À qual parte do plano de negócios devemos dar maior atenção? Qual delas é a mais importante?

O grau de importância das partes de um plano variará de acordo com quem for lê-lo. Se durante a confecção do plano você for pedir auxílio a um especialista em marketing, é óbvio que ele dará mais atenção ao plano de marketing. O mesmo vale para um especialista em finanças, que dará mais atenção ao plano financeiro. Porém, se o plano for lido por um investidor ou um sócio em potencial, ele terá como foco o sumário executivo, já que este apresenta uma síntese do plano, com as principais características do empreendimento. Todo o investidor lê, primeiramente, o sumário executivo; portanto, se o foco é conseguir recursos de investidores, essa parte será a mais importante, pois é a primeira a ser lida e, se não atrair a atenção para o que vem depois, poderá ser a última.

Entretanto, como o plano de negócios não tem somente a finalidade de conseguir recursos, mas, sim, a de ser o documento que traduzirá o planejamento estratégico da empresa, chegamos à conclusão de que **todos os pontos desenvolvidos no plano terão importância como fator de conhecimento e uma visão do todo em relação ao negócio que está sendo desenvolvido**. Esses pontos serão colocados numa ordem lógica para que possam mostrar, de forma clara, a ideia, a grande oportunidade que se apresenta e o potencial do empreendimento para financiadores, investidores, fornecedores, parceiros em potencial e, principalmente, para o empreendedor que deseja ter sucesso em seu negócio.

> O grau de importância das partes de um plano variará de acordo com quem for lê-lo

Síntese

Vimos, neste capítulo, que o planejamento de um empreendimento, seja para uma empresa que estará sendo criada, seja para uma empresa já existente, ocorre em três níveis: estratégico, tático e operacional, em que, com base em estratégias empresariais (ato de pensar no futuro da organização, ou seja, nas decisões a serem tomadas hoje e que afetarão o seu futuro), teremos subsídios para iniciarmos o planejamento estratégico do empreendimento (ato de colocar num documento formal, de forma ordenada e clara, as estratégias empresariais que foram pensadas para o negócio, com o intuito de definirmos os planos e as metas a serem alcançados num determinado período de tempo).

O plano de negócios é, portanto, o documento formal para especificarmos o planejamento da empresa. Ele tem como principal finalidade servir como "plano de voo" para o próprio empreendedor, em que este poderá lidar com dificuldades potenciais antes que aconteçam e ter uma visão do futuro de seu empreendimento, com as oportunidades e os riscos que se apresentarem para ele, tornando-se uma poderosa ferramenta de gestão.

Vimos, também, que a estrutura de um plano de negócios não é única e dependerá das características individuais de cada empreendimento. Ela deve ser apresentada de forma a tornar claro todos os pontos importantes do negócio. Além disso, o plano de negócios é fundamental para que o empreendedor possa acompanhar o desenvolvimento de seu negócio, podendo corrigir as distorções e a direção a ser seguida a partir do momento de sua implementação.

Por fim, quando da confecção de um plano de negócios, podemos aprender a respeito do empreendimento que estaremos realizando e conhecer os riscos que enfrentaremos, o que pode ser a diferença entre o sucesso e o fracasso do nosso empreendimento.

Questões para revisão

1. Como podemos definir planejamento?
2. O que é planejamento estratégico?
3. Qual documento formal pode ser utilizado para traçarmos o planejamento estratégico de um empreendimento?
4. Quais as quatro principais divisões de um plano de negócios?
5. Por onde devemos começar a escrever um plano de negócios?
6. O tamanho de um plano de negócios influencia em sua eficiência?
7. Para quem deve ser escrito o plano de negócios? Quem são seus principais leitores?

Questões para reflexão

1. Porque é importante planejarmos um empreendimento?
2. Qual a importância de traçarmos boas estratégias para o nosso empreendimento?

3. Por que devemos desenvolver um plano de negócios mesmo que o empreendimento seja de pequeno porte?
4. O plano de negócios é importante para o empreendimento mesmo que não seja necessário capital de terceiros para implementar o negócio?
5. Qual a importância do sumário para quem lê o plano de negócios?
6. Por que a análise de mercado é importante e deve ser a primeira parte desenvolvida no plano de negócios?
7. Como o plano de negócios pode convencer alguém de que o negócio é bom e dará bons resultados?

Para saber mais

Para você aprofundar os conteúdos do Capítulo 1 e buscar mais informações a respeito de estratégia empresarial, planejamento estratégico, conceitos iniciais de empreendedorismo e elaboração de planos de negócio, sugerimos a seguinte bibliografia:

BERNARDI, L. A. **Manual de empreendedorismo e gestão**. São Paulo: Atlas, 2003.

BULGACOV, S. **Manual de gestão empresarial**. 2. ed. São Paulo: Atlas, 2006.

CASTOR, B. V. J. **Estratégia para a pequena e média empresa**. São Paulo: Atlas, 2009.

DOLABELA, F. **O segredo de Luísa**. São Paulo: Cultura, 2004.

LONGENECKER, J. G.; MOORE, C. W.; PETTY, J. W. **Administração de pequenas empresas**. São Paulo: Makron Books, 1997.

OLIVEIRA, D. P. R. de. **Planejamento estratégico: conceitos, metodologia e práticas**. 18. ed. São Paulo: Atlas, 2002.

_____. **Administração estratégica**. 6. ed. São Paulo: Atlas, 2009.

capítulo

Como iniciar um plano de negócios

02

Conteúdos do capítulo:

- Ideias e oportunidades;
- A avaliação de uma oportunidade;
- O mercado;
- O retorno econômico;
- Os diferenciais competitivos ou as vantagens competitivas;
- A equipe;
- O grau de comprometimento;
- O conhecimento do negócio;
- Passos para a elaboração e a apresentação de um plano de negócios.

Após o estudo deste capítulo, você será capaz de:

- conceituar ideias e oportunidades;
- escrever o modo como avaliar uma oportunidade;
- identificar a necessidade de conhecimento do negócio como forma de otimização do tempo de desenvolvimento do plano de negócios;
- reconhecer os passos para a elaboração de um plano de negócios.

Para que possamos iniciar o desenvolvimento de um plano de negócios, precisamos pressupor que o produto/serviço que você pretende colocar no mercado já esteja definido, pois isso é fator essencial para pensarmos em estruturar um empreendimento e confeccionarmos o plano de negócios.

Mesmo que você, de forma subjetiva, já tenha definido a sua ideia de produto/serviço e avaliado o seu potencial em relação ao mercado, é preciso saber se essa ideia pode ser transformada numa oportunidade de negócio. Para que você possa fazer essa avaliação, falaremos, a seguir, a respeito de alguns conceitos que serão fundamentais no momento de definirmos o produto/serviço.

Capítulo 2

2.1 Ideias e oportunidades

É muito comum a confusão entre esses dois conceitos (ideias e oportunidades) devido, principalmente, ao fato de não sabermos bem o que eles significam. A título de exemplo, pense na seguinte situação: durante uma conversa com seus colegas de faculdade, num dia em que o professor da segunda aula não compareceu, você levanta da cadeira e diz: "Tive uma ideia: vamos reunir a turma e comer uma pizza na pizzaria em frente à faculdade?". Um colega responde: "Boa ideia, vamos lá".

O que existe de ideia no pensamento que foi explicitado para a turma? Nada, pois o conceito de *ideia* não se restringe, apenas, em explicitar uma vontade. Entretanto, estamos acostumados a associar o termo ideia àquilo que podemos fazer de diferente, a demonstrações de nossas vontades, motivos pelos quais acabamos por confundir esses dois conceitos. Nesse exemplo, o que aconteceu foi a visualização de uma **oportunidade**: comer pizza, uma vez que o professor da segunda aula faltou.

Uma ideia deve estar associada a algo que possamos definir, conceituar e atribuir características próprias – forma, tamanho, cor, entre outros fatores. Uma ideia pode ser **única**, caso seja diferente de tudo o que existe em termos de características, e uma **adaptação** de algo já existente, em que agregamos características novas para criar um diferencial.

Tendo em mente esse conceito, pense no mesmo exemplo, agora voltado para a área de negócios: vendo que o professor da segunda aula não veio, você levanta da cadeira e diz para seus colegas: "vou abrir uma pizzaria em frente à faculdade". Se levarmos em consideração o conceito de ideia, podemos dizer, novamente, que o que temos nessa situação é uma oportunidade, visto que, para justificar a sua fala, você pode argumentar que, como é comum que os professores faltem, uma pizzaria em frente à faculdade poderá atender a todos os alunos que não terão aula em determinados horários.

Some a esse exemplo a seguinte afirmação: "Vou abrir uma pizzaria em frente à faculdade, que venderá pizza quadrada de vários tamanhos". Agora podemos dizer que você já possui uma ideia: uma pizza quadrada possui características próprias de tamanho e formato, além de um diferencial que agrega valor, tanto na questão de novidade do produto quanto na questão custo: a embalagem, por exemplo, por ser quadrada, pois custa menos se comparada à oitavada, que é usada geralmente nas pizzarias que fazem a entrega.

Com esses exemplos, podemos perceber a importância desses conceitos quando queremos estruturar nosso próprio empreendimento, pois uma empresa que está sendo criada, ou mesmo uma já existente, precisa definir muito bem seus produtos/serviços, de modo que desenvolva uma boa ideia e saiba avaliar se os produtos/serviços ofertados são de fato uma boa oportunidade de negócio. Assim, podemos dizer que, para iniciarmos um plano de negócios, primeiramente precisamos já ter desenvolvida a ideia de um produto/serviço e, principalmente, sabermos avaliar se esta poderá se transformar em uma grande oportunidade.

Você pode estar se perguntando: "Agora que já sei identificar uma ideia, como faço para identificar uma oportunidade?".

Visualizar uma oportunidade não é fácil; identificar se ela é boa também não é. O que devemos ter em mente é que uma **oportunidade está diretamente relacionada a uma necessidade de mercado**, criada por fatores como status, informação, atividade, rapidez, qualidade, entre outros motivos que levam um consumidor a procurar um determinado produto/serviço que atenda às suas expectativas.

> Assim, podemos dizer que, para iniciarmos um plano de negócios, primeiramente precisamos já ter desenvolvida a ideia de um produto/serviço e, principalmente, sabermos avaliar se esta poderá se transformar em uma grande oportunidade.

Por exemplo, o que leva um consumidor a preferir comprar uma BMW a um carro de outra marca, com padrão de conforto e beleza semelhantes, além de um preço menor? A resposta a essa questão é simples: *status*. Outros consumidores, que não se preocupam em ostentar uma imagem perante a sociedade, poderão procurar carros tão confortáveis e confiáveis quanto uma BMW e que custam menos.

Assim, as oportunidades existem; basta que tenhamos a mente aberta para identificá-las e gerarmos produtos ou serviços que venham a atender às necessidades das pessoas ou, ainda, criarmos oportunidades com produtos ou serviços que tenham um diferencial em relação aos outros, de modo que possam levar os consumidores a se interessarem por esse diferencial, fazendo com que, no decorrer do tempo, se torne uma necessidade.

2.2 A avaliação de uma oportunidade

Agora que já sabemos a diferença entre os conceitos de ideia e oportunidade, podemos perceber que uma oportunidade está diretamente relacionada a uma necessidade de mercado. Entretanto, não basta identificarmos essa necessidade: precisamos fazer uma avaliação para sabermos se realmente temos nas mãos uma boa oportunidade que possa ser transformada em um negócio que traga resultados.

Não é simples avaliarmos uma oportunidade, pois há vários fatores envolvidos. Vamos procurar elencar cinco desses fatores, de forma que sejam entendidos e sirvam como um primeiro roteiro de avaliação e ponto de partida, com questões fundamentais que precisam ser estudadas e conhecidas antes da implementação de um empreendimento. Esses cinco fatores são:

- **O mercado:** clientes, fornecedores e concorrentes.
- **O retorno econômico:** resultados.
- **Os diferenciais competitivos e as vantagens competitivas:** produto e empresa.
- **A equipe:** as pessoas envolvidas no empreendimento.
- **O grau de comprometimento:** dedicação e disposição em realizar.

A seguir, abordaremos mais aprofundadamente cada um dos fatores mencionados.

2.2.1 O mercado

O principal fator a ser considerado ao avaliarmos uma oportunidade se refere ao mercado. Devemos estar atentos à estrutura desse mercado e voltarmos a nossa atenção para características como:

- público-alvo ou potenciais consumidores;
- número de concorrentes;
- forma de distribuição utilizada pelos concorrentes;
- política de preços da concorrência;
- tipos de produtos encontrados no mercado, similares aos nossos, e que atendam às necessidades desses consumidores.

Essas características permitem avaliarmos qual é o nosso potencial perante o mercado e como seremos combatidos e prejudicados por nossos concorrentes.

Outro ponto importante quando avaliamos o mercado é o seu **potencial de crescimento**, pois quando existe demanda para nossos produtos/serviços, a tendência é que o empreendimento obtenha sucesso com maior rapidez, mais velozmente do que em mercados de pouco potencial. Contudo, devemos ter em mente que, se o mercado é atrativo para nós, ele também será para nossos concorrentes.

Para fazermos a avaliação do mercado, dispomos de ferramentas que são utilizadas na área de marketing, tais como:

- pesquisa de mercado;
- matriz SWOT[1];
- matriz BCG[2].

---

1 Do inglês *Strengths* (forças), *Weakness* (fraquezas), *Opportunities* (oportunidades) e *Threats* (ameaças).
2 Boston Consulting Group.

Essas ferramentas auxiliam na avaliação de todas as características mencionadas anteriormente e permitem um posicionamento do nosso produto e empreendimento em relação ao mercado. Elas serão explicadas com mais detalhes nos Capítulos 3 e 4 deste livro.

2.2.2 O retorno econômico

Todo empreendimento, exceto os com fins filantrópicos, tem a necessidade de um retorno econômico. Esse retorno proporcionará, num primeiro momento, a cobertura dos investimentos realizados e, posteriormente, o crescimento do negócio. Nenhuma empresa sobrevive no mercado se não gerar lucro. Portanto, precisamos fazer uma análise financeira criteriosa do empreendimento para que tenhamos as reais possibilidades da geração desses resultados. De nada adianta o mercado ser bem avaliado em termos de demanda, sermos líderes de mercado em nosso segmento e não termos um retorno que compense todo o esforço despendido para a sua implementação.

> De nada adianta o mercado ser bem avaliado em termos de demanda, sermos líderes de mercado em nosso segmento e não termos um retorno que compense todo o esforço despendido para a sua implementação.

Temos à nossa disposição algumas ferramentas de cálculo, oriundas da matemática e gestão financeiras, que nos permitem fazer uma análise financeira e estabelecer a viabilidade do empreendimento, como ponto de equilíbrio, taxa interna de retorno, prazo de retorno do investimento, entre outras.

Conforme mencionamos anteriormente, a análise financeira faz parte do plano de negócios e seus dados precisam ser os mais realistas possíveis, pois, se queremos ter um parceiro no negócio, um dos principais aspectos que ele avaliará será a viabilidade financeira deste e, mesmo que não precisemos de um parceiro, o principal interessado em que os dados sejam os mais realistas é o próprio empreendedor, pois eles serão a base de sustentação de seu empreendimento.

2.2.3 Os diferenciais competitivos ou as vantagens competitivas

Não existe uma fórmula mágica que faça o cliente ser fiel à sua empresa. Ele só se torna fiel caso obtenha algum benefício. Dessa forma, os benefícios funcionam como diferenciais competitivos – quando falamos em produtos ou serviços – e como vantagens competitivas – quando falamos em empresas e mercados. Essas vantagens podem ocorrer por meio de uma otimização dos custos de produção ou operação, de estruturas pequenas que tenham grande potencial – se bem treinadas e eficazes – e da criatividade no processo de fabricação e venda de um produto/serviço, o que pode acarretar num menor custo e, consequentemente, num menor preço final de venda.

Podemos também considerar como vantagens competitivas as **barreiras de entrada** para novos competidores, pois estas deixam a empresa em situação cômoda perante a concorrência, dando certa proteção contra os competidores. Entretanto, é importante que você avalie essas barreiras, pois elas também podem prejudicar a entrada de sua empresa no mercado.

Como exemplos de barreiras de entrada, podemos citar as regulamentações governamentais, as concessões, os contratos de longo prazo com grandes compradores, os acordos com fornecedores e distribuidores, bem como as patentes de produtos de alta tecnologia – que forçarão os concorrentes a desenvolverem um produto com base em outra tecnologia ou a pagar *royalties* a quem for o detentor da patente, entre outras.

2.2.4 A equipe

Quando iniciamos um empreendimento, a maior dificuldade que encontramos é a de possuir recursos financeiros para colocar as pessoas certas nos lugares certos. Se você não pode, de início, departamentalizar sua empresa e contratar gerentes ou supervisores que possam tornar-se pessoas-chave na organização, procure conhecer bem o negócio, pois você terá que suprir as necessidades de conhecimento em todas as áreas da empresa.

Uma boa opção é contar com pessoas que conhecemos e que possuam conhecimento a respeito do negócio que estará sendo desenvolvido; se não nele como um todo, pelo menos nas partes que mais tenhamos dificuldades, para que possam, com seus conhecimentos técnicos, ajudar a dar continuidade ao projeto. Chegará um ponto em que essas pessoas poderão ser contratadas e passarão a fazer parte da equipe. Isso poupará tempo, pois como essas pessoas já estão inteiradas de tudo o que acontece na empresa, o processo de desenvolvimento e crescimento acaba sendo facilitado.

É preciso ter em mente que não adianta ter uma boa ideia ou identificar uma boa oportunidade de mercado, criar bons produtos/serviços e desenvolver o planejamento se não houver pessoas que possam implementar aquilo que foi idealizado e planejado e que possuam conhecimento de como fazê-lo.

2.2.5 O grau de comprometimento

O primeiro passo para que possamos ter sucesso num empreendimento é acreditarmos nele. Precisamos estar comprometidos com o projeto e nos dedicar a ele, pois certamente demandará muito esforço até podermos ver os primeiros resultados.

Para que você possa identificar se está comprometido ou não com o projeto, sugerimos que você faça, a si mesmo, as seguintes perguntas:

> O primeiro passo para que possamos ter sucesso num empreendimento é acreditarmos nele.

- Acredito que esta seja uma boa oportunidade e talvez a grande oportunidade da minha vida?
- Conversei com a minha família ao respeito do negócio e eles apoiam essa iniciativa?

- Estou disposto a investir o tempo necessário para que o empreendimento possa ser realizado, mesmo que isso signifique largar o emprego atual para encarar o desafio?
- Estou disposto a ter, durante algum tempo, uma remuneração menor do que tenho hoje?
- Tenho ciência de que precisarei de recursos para esse investimento e, talvez, terei de me desfazer de bens pessoais para investir nessa ideia?

Importante
Para responder a essas questões, você não pode se deixar levar pela emoção. Use sempre o seu lado racional, faça uma análise crítica e seja honesto ao respondê-las.

Dessa forma, você perceberá o quanto é difícil responder a essas questões se você não estiver convicto do que realmente quer. É preciso que administremos os riscos a que estamos sujeitos quando embarcamos num empreendimento, pois, se não soubermos administrá-los, eles poderão trazer problemas ao nosso negócio e a nós mesmos.

2.3 O conhecimento do negócio

Vimos que para avaliar uma oportunidade e saber se ela poderá ser transformada em um negócio, precisamos ter um bom conhecimento a respeito daquilo que estamos tentando realizar.

Não é à toa que, na maioria das vezes, o empreendedor procura um negócio numa área em que já tenha trabalhado e em que possua alguma experiência e conhecimento, pois o processo de busca de informações necessárias ao planejamento e à implementação de seu empreendimento torna-se muito mais rápido, já que o empreendedor já possui acesso às informações sobre o mercado, os clientes, os fornecedores e os concorrentes.

Capítulo 2

> **Atenção**
> Se quisermos desenvolver um empreendimento do qual temos pouco conhecimento, tudo será mais difícil e o tempo gasto na busca de informações e no planejamento tenderá a ser muito maior.

2.4 A preparação e a apresentação de um plano de negócios

Com base na formulação da ideia, de sua avaliação e transformação numa oportunidade de negócio, podemos agora falar em como devemos preparar e apresentar o plano de negócios.

2.4.1 A preparação do plano de negócios

Na preparação de um plano de negócios, **o primeiro passo a ser considerado é a análise de mercado**. A melhor forma de a realizarmos é por meio de pesquisas de mercado. É nesse momento que procuramos conhecer quem são e como agem os nossos clientes, fornecedores e concorrentes, além de determinarmos as reais possibilidades de sucesso do empreendimento.

Um ponto importante a ser definido com a análise de mercado é o tamanho deste. Determinar o nicho que queremos atender está diretamente relacionado ao investimento inicial necessário, pois grandes mercados requererem maiores investimentos.

Outro ponto importante a ser avaliado é se teremos condições de atender à demanda de produtos/serviços ou se é melhor escolhermos um nicho de mercado grande o suficiente para nos trazer receita e lucro, mas que não resulte em problemas de atendimento.

Ao determinarmos o tamanho do nosso mercado, os possíveis clientes, os fornecedores e os concorrentes, podemos visualizar estratégias de atuação, como o preço a ser cobrado pelos produtos/serviços, os métodos de venda, o modo de distribuição e, também, os requisitos operacionais para atendermos à demanda, tais como recursos humanos, área física necessária e, principalmente, recursos financeiros essenciais à implantação do empreendimento.

Por meio dos dados obtidos na análise de mercado, podemos determinar as principais vantagens competitivas de nosso produto/serviço em relação aos concorrentes e as vantagens que a empresa poderá ter ao participar deste mercado.

> **Importante**
> Para cada estratégia definida, a avaliação de como agem os concorrentes é de vital importância, pois ela permite identificarmos e compararmos nossas vantagens competitivas em relação aos concorrentes.

Para essa comparação, podemos utilizar a matriz SWOT, mencionada anteriormente, que possibilita a identificação das fraquezas de nossos concorrentes e nos permite determinar as melhores estratégias a serem utilizadas em nosso empreendimento.

2.4.2 A apresentação do plano de negócios

No primeiro capítulo desta obra, apresentamos a estrutura básica de um plano de negócios, dividida em quatro partes principais: sumário executivo, definição da empresa, plano de marketing e plano financeiro. Essa é a ordem de apresentação do plano escrito.

Quando começamos a escrever um plano de negócios, é necessário fazermos um esboço e iniciarmos pelo plano de marketing, em que devem constar todas as informações obtidas na análise de mercado. Após ter escrito o plano de marketing, você pode começar a esboçar, também, a descrição da empresa e o plano financeiro. No final, faça um resumo de todo o plano. Esse resumo poderá ser utilizado quando da elaboração do sumário executivo.

Importante

Sempre que você for estruturar no papel o seu plano de negócios, releia várias vezes o que foi escrito, pois a cada leitura surgirão aspectos importantes que podem ter sido deixados de lado. Entretanto, muitos detalhes podem atrapalhar o entendimento e deixar o plano muito extenso. Saiba dosar o que é importante para que, no final, você obtenha um documento que represente o planejamento de seu empreendimento e possa ser lido por qualquer pessoa que venha a se interessar por ele.

De forma esquemática, a Figura 2.1 mostra a sequência de preparação e apresentação de um plano de negócios,

Figura 2.1 – Passos para a preparação e a apresentação de um plano de negócios

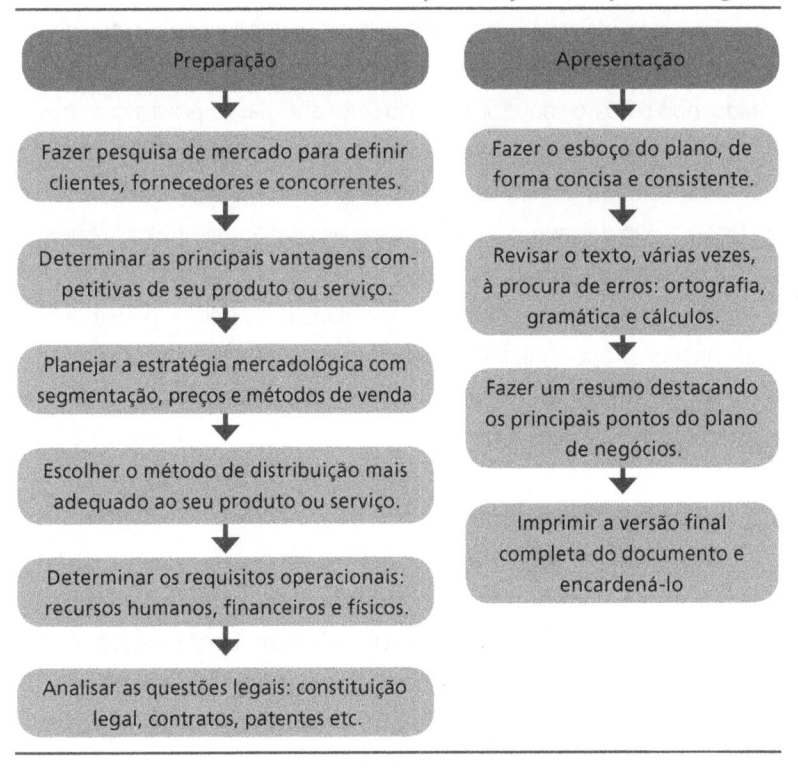

Preparação
- Fazer pesquisa de mercado para definir clientes, fornecedores e concorrentes.
- Determinar as principais vantagens competitivas de seu produto ou serviço.
- Planejar a estratégia mercadológica com segmentação, preços e métodos de venda
- Escolher o método de distribuição mais adequado ao seu produto ou serviço.
- Determinar os requisitos operacionais: recursos humanos, financeiros e físicos.
- Analisar as questões legais: constituição legal, contratos, patentes etc.

Apresentação
- Fazer o esboço do plano, de forma concisa e consistente.
- Revisar o texto, várias vezes, à procura de erros: ortografia, gramática e cálculos.
- Fazer um resumo destacando os principais pontos do plano de negócios.
- Imprimir a versão final completa do documento e encardená-lo

A estrutura vista na Figura 2.1 dá uma boa noção do que devemos considerar quando preparamos e elaboramos um plano de negócios. Seus tópicos, de forma bastante simplificada, ajudam a dar o *start* naquilo que será a ferramenta essencial de planejamento de nosso empreendimento.

Síntese

Aprendemos neste capítulo que ter uma ideia não é o suficiente para que possamos estruturar e iniciar um empreendimento. Precisamos identificar nessa ideia uma oportunidade de negócio e avaliarmos se essa oportunidade é, realmente, viável de ser implementada.

Para que possamos fazer essa avaliação, precisamos buscar muitas informações, principalmente aquelas referentes ao mercado, que nos permitirão conhecer nossos clientes, fornecedores e concorrentes.

Se nossa ideia de produto/serviço se enquadrar num setor de atividade que tenhamos conhecimento, o processo de avaliação será mais rápido, pois o nosso conhecimento do setor abreviará o processo da busca de informações necessárias à avaliação da oportunidade que se apresenta. Contudo, se não possuirmos esse conhecimento, precisaremos buscá-lo, de forma a não deixar que esse processo seja um empecilho para que descartemos nossa ideia.

Desse modo, ao desenvolvermos o plano de negócios, podemos visualizar melhor as oportunidades, conhecer nosso mercado e nossa empresa, além de obtermos informações que ajudarão a desenvolver as ideias e as oportunidades que temos em mãos.

Questões para revisão

1. Qual a principal diferença entre ideia e oportunidade?
2. Como podemos avaliar uma oportunidade de negócio?
3. É correto afirmar que, para avaliar uma oportunidade, é necessário desenvolvermos um plano de negócios?
4. Qual é o primeiro passo que devemos dar quando da elaboração de um plano de negócios?

Questões para reflexão

1. Muitas vezes, ao vermos uma oportunidade, esquecemos que talvez outras pessoas também podem se deparar com a mesma oportunidade. Por que isso acontece?
2. O estudo de mercado possibilita avaliarmos se uma oportunidade é boa ou não. Entretanto, há outras possibilidades de avaliarmos nossos produtos dentro do contexto mercadológico? Em caso afirmativo, quais as outras ferramentas que podemos utilizar?
3. Somente mediante uma ideia é que podemos definir, em detalhes, o mercado-alvo que devemos atingir?
4. Por que é importante segmentar e identificar nichos de mercado?
5. Com uma oportunidade avaliada e com base na intenção de colocar em prática o negócio, como você se vê daqui a cinco ou dez anos com o empreendimento que tem em mente?

Para saber mais

Para você aprofundar os conteúdos do Capítulo 2 e buscar mais informações a respeito de ideias e oportunidades, avaliação de oportunidades, conhecimento do negócio e passos para a confecção e a apresentação de um plano de negócios, sugerimos a seguinte bibliografia:

BERNARDI, L. A. **Manual de plano de negócios**: fundamentação, processos e estruturação. São Paulo: Atlas, 2006.

_____. **Manual de empreendedorismo e gestão**. São Paulo: Atlas, 2003.

CHER, R. **O meu próprio negócio**. São Paulo: Negócio, 2002.

DOLABELA, F. **O segredo de Luísa**. São Paulo: Cultura, 2004.

LENZI, F. C. **Nova geração de empreendedores:** guia para elaboração de um plano de negócios. São Paulo: Atlas, 2009.

SEIFFERT, P. Q. **Empreendendo novos negócios em corporações:** estratégias, processos e melhores práticas. 2. ed. São Paulo: Atlas, 2008.

capítulo

Definindo o produto e conhecendo o mercado

03

Conteúdos do capítulo:

- Definição de produto/serviço;
- Estudo do mercado;
- O setor de atividade;
- Os clientes;
- Os concorrentes;
- Os fornecedores.

Após o estudo deste capítulo, você será capaz de:

- identificar os diferenciais necessários quando da definição de um produto/serviço;
- reconhecer os principais questionamentos a serem feitos quando do estudo do mercado;
- valiar os aspectos mais importantes na obtenção de informações sobre clientes, concorrentes e fornecedores.

Os dois primeiros capítulos deste livro deram uma noção clara de que o planejamento de um empreendimento passa por etapas que não são muito simples de serem realizadas, pois existe uma grande quantidade de variáveis que devem ser consideradas. Além disso, é essencial levantarmos um grande volume de informações para obtermos o conhecimento necessário do negócio, em todos os seus aspectos, sempre com o intuito de tornar mais previsíveis as incertezas que teremos para o futuro deste empreendimento.

Com os facilitadores tecnológicos que possuímos atualmente, esse processo de busca de informação e aquisição de conhecimentos tornou-se bem mais simples, pois ferramentas como a internet permitem acelerar o processo de pesquisa, e com apenas alguns cliques, folhas impressas e muita leitura, temos acesso a todo e qualquer tipo de informação.

Para fazer você pensar um pouco no assunto, daremos um exemplo: num comercial televisivo que foi veiculado há algum tempo, a frase que mais chamava a atenção era a seguinte: **"São as perguntas que movem o mundo, e não as respostas"**.

Por que será que isso acontece? A resposta é simples: quanto mais perguntas você conseguir formular sobre determinado assunto, mais você terá a necessidade de buscar as respostas, adquirindo conhecimento.

Importante

Há duas coisas fundamentais a serem mencionadas nesse momento: a **primeira** é que as perguntas devem ser formuladas em uma sequência lógica, para facilitar a busca de suas respostas, de **preferência separadas por temas ou por assuntos**. A **segunda** é que você busque as respostas e as responda da maneira mais fiel possível ao que está acontecendo, sempre procurando a realidade dos fatos. Dessa forma, você verá que as respostas serão a origem de um bom planejamento do seu empreendimento e um facilitador na montagem do plano de negócios.

Para darmos lógica a essa sequência, vamos resgatar algumas situações mencionadas nos capítulos anteriores, principalmente no que se refere à questão de por onde se deve começar o plano de negócios. A resposta a esse questionamento se inicia com a definição de nosso produto/serviço e continua com um aprofundado estudo do mercado, para avaliarmos as reais possibilidades de transformar a simples ideia do produto/serviço numa oportunidade de negócio.

Para ajudá-lo a iniciar os questionamentos, elencaremos uma série de questões a respeito da definição de produto/serviço e do mercado, lembrando que o texto que segue as questões não é uma resposta, mas, sim, um roteiro quanto às informações que serão necessárias para que você possa responder cada uma delas, servindo como uma orientação para facilitar o seu trabalho.

3.1 Definindo o produto/serviço

As questões elencadas aqui têm como objetivo proporcionar a você uma oportunidade de descrever em detalhes os produtos/serviços ofertados pela sua empresa. Informações dos produtos/serviços como o ciclo de vida (nascimento, crescimento, manutenção e declínio), as vantagens competitivas, as tecnologias empregadas e o nome a ser dado podem dar uma visão diferenciada de nossos produtos/serviços, além de ajudar a detectar problemas que, até então, não tinham sido percebidos.

01 Qual é o seu produto/serviço?

É nesse momento que você deve colocar no papel todas as ideias que têm em mente. Com base na ideia do produto/serviço, procure descrever quais são as suas especificações. Para um produto, pense em tamanho, cor, forma, utilização, embalagem, entre outras características. Já para os serviços, destaque o porquê de a empresa poder fornecê-los, de que maneira isso se dará, quem realizará o trabalho e onde este será feito. Em ambos os casos, **é muito importante que você destaque os diferenciais do produto/serviço em relação aos concorrentes e como eles atendem às necessidades dos consumidores**.

Se inicialmente você pretende começar com apenas um produto/serviço, procure identificar o ciclo de vida, descrevendo de que modo será ampliada a oferta deles e em quanto tempo, pois, quando o produto/serviço estiver em declínio (redução das vendas), você deverá ter outras opções que possam substituí-lo. Caso contrário, por não atender mais às necessidades dos consumidores, a empresa poderá ser extinta.

02 Por que você optou por desenvolver esse produto/serviço?

Ao responder a essa questão, você definirá a oportunidade vislumbrada no mercado. Essa resposta vai além da especificação do seu interesse em relação a esse produto/serviço. Nesse momento, você precisa se colocar no lugar de seus prováveis clientes e descrever as necessidades que serão atendidas por seu produto/serviço e de que forma isso ocorrerá.

03 Qual a aplicação ou uso do seu produto/serviço?
Especifique a utilização do seu produto/serviço. Questionamentos de porque, como e quando facilitarão a definição de sua aplicação ou uso. Busque novamente as vantagens de uso de seu produto/serviço e no que ele se diferencia dos demais existentes no mercado.

04 Existe produto/serviço similar ou igual ao seu, comercializado no mercado?
É preciso que você pesquise se há produtos/serviços similares ou iguais aos seus, comercializados no mercado, pois, dependendo dos tipos e das quantidades já existentes, você poderá ter dificuldade em colocar seus produtos/serviços no mercado. Mesmo que não existam em grande quantidade, é importante que você conheça as diferenças entre eles e os seus produtos/serviços. Clientes gostam de fazer comparações, que podem ser benéficas, caso o produto/serviço apresente um diferencial em relação à concorrência.

05 Seu produto/serviço serve de complemento ou é usado com outros produtos/serviços disponíveis no mercado?
Quando existe uma dependência entre produtos/serviços, em que um dependerá da venda do outro, fica evidente a necessidade de conhecimento do outro produto ao qual o seu está associado. O contato com quem produz o produto/serviço ao qual o seu é complementar é importante, pois um problema com o fornecimento poderá trazer sérias situações difíceis para o seu empreendimento. Nesses casos, uma parceria entre as empresas é o ideal, pois resguardará as duas instituições de problemas futuros na venda de seus produtos/serviços.

06 Você consegue descrever os benefícios oferecidos somente pelo seu produto/serviço?

Os diferenciais competitivos são muito importantes quando estamos lançando um produto/serviço no mercado, pois eles podem ser o motivo do sucesso ou do fracasso do nosso empreendimento.

Além de sua opinião, busque saber o que as outras pessoas acham do seu produto/serviço. Mostre sua ideia e veja se elas percebem os mesmo benefícios que você vê. É comum acharmos grandes vantagens em nossos produtos/serviços, pois, afinal de contas, fomos nós que os idealizamos. Entretanto, outras pessoas podem não ter a mesma percepção e não ver as mesmas necessidades elencadas por você. **Tome muito cuidado, pois esses benefícios podem ser os diferenciais competitivos que farão do seu produto/serviço um grande sucesso ou um grande fracasso.**

07 Você consegue identificar algum motivo para que os clientes não comprem o seu produto/serviço?

A identificação das necessidades dos clientes pode ajudar a criar características próprias para o seu produto/serviço. Contudo, mesmo com essas características, não temos certeza de como serão as nossas vendas.

Quando você elenca os motivos pelos quais os clientes não compram seus produtos/serviços, você consegue perceber as suas fraquezas em relação aos concorrentes. Essas fraquezas podem servir de referência para que você altere a sua estratégia de venda ou, até mesmo, os seus produtos/serviços.

08 Você sabe como produzir o seu produto/serviço?

Um fator importante levantado por essa questão é o conhecimento dos processos de fabricação e a forma como eles são definidos na produção de seus produtos/serviços. Mesmo que não seja o responsável por produzi-lo, será você quem deverá vendê-lo e os clientes exigirão o conhecimento a respeito do processo como um todo. Além disso, alguns produtos requerem insumos que não são fáceis de encontrar e que poderão trazer dificuldades à implementação do seu negócio.

09 Seu produto/serviço está disponível? Se não, quando poderá disponibilizá-lo?

O tempo para que o produto/serviço seja produzido pode influenciar no aproveitamento ou não de uma oportunidade que se apresenta no mercado. Dessa forma, é importante conhecer o tempo que leva para o seu produto/serviço ficar pronto. É nesse ponto que temos um relacionamento com várias áreas da empresa e até mesmo com outras empresas que se relacionam conosco, fornecendo matérias-primas para a produção, executando partes terceirizadas do processo produtivo ou fornecendo produtos acabados para que você possa vendê-los a seus clientes.

10 Há material para a apresentação de seu produto/serviço?

Existem dois pontos importantes que você deve levar em consideração antes de responder a essa questão: o primeiro se refere aos **parceiros para a implementação do negócio**; o segundo, à **divulgação do produto/serviço** quando estiver finalizado. No primeiro caso, mesmo que não esteja pronto, é interessante que você mostre aos seus parceiros pelo menos um protótipo de como ficará o produto/serviço finalizado. No segundo, é importante que você saiba qual é a melhor forma de divulgar seu produto/serviço ao cliente, deixando claro quais são as suas características e a quais necessidades ele atende.

3.2 Estudando o mercado

A melhor forma de termos conhecimento a respeito do mercado é por meio de realização de pesquisas, principalmente a pesquisa de campo.

Com base nesta, podemos adquirir informações sobre o setor de atividade, o tamanho e o potencial do mercado em que queremos inserir nossos produtos/serviços; traçar o perfil e o comportamento dos prováveis clientes; ter contato com fornecedores e, até mesmo, com concorrentes; analisar a concorrência, ou seja, podemos conhecer bem o ambiente em que queremos inserir nossos produtos/serviços, de modo que possamos, de fato, traçar a melhor estratégia na hora de adentrarmos ao mercado estudado.

> A melhor forma de termos conhecimento a respeito do mercado é por meio de realização de pesquisas, principalmente a pesquisa de campo.

3.2.1 Visão macroeconômica

Nessa etapa, é preciso identificar qual tipo de negócio temos em mãos, a qual ramo ele se enquadra, a demanda do mercado, o nível de crescimento e as tendências, além das questões legais, tributárias e econômicas que permitirão traçarmos os planos necessários para ocuparmos um lugar nesse mercado.

Para facilitar o nosso estudo, podemos colocar os dados obtidos em tabelas e gráficos, que permitirão visualizarmos as informações mais importantes.

Vejamos algumas questões para ajudá-lo a definir o seu mercado:

01 Com base no seu produto/serviço, é possível definir qual o tipo do seu negócio?

O potencial de crescimento da empresa está diretamente relacionado à aceitação do produto/serviço no mercado escolhido. Por isso, saber identificar uma oportunidade se torna um fator de extrema importância, pois, dependendo do produto ou serviço oferecido, nosso negócio, em vez de crescer, pode se tornar um grande pesadelo. Outro fato que você deve levar em consideração é que, possivelmente, a sua empresa não produzirá apenas um tipo de produto/serviço. Dessa maneira, ao tentar responder a essa questão, pense em que lugar do mercado se enquadrarão esses produtos.

02 Em que parte do mercado se enquadra os seus produtos/serviços? A que setor ou ramo de atividade o seu negócio pertence?

Identificar claramente a qual setor de atividade nosso empreendimento pertence nos permite analisar com mais precisão o ambiente de negócio, o que reduz a área a ser pesquisada e focaliza os pontos mais importantes para o desenvolvimento do empreendimento.

Para identificarmos o setor de nossa atividade, podemos utilizar ferramentas como a internet, que ajuda de forma substancial e facilita na identificação do setor ou ramo de atividade a que os produtos/serviços pertencem.

Lembre-se de incluir nesse enquadramento os produtos/serviços que serão desenvolvidos futuramente, pois uma posterior inclusão poderá modificar, substancialmente, o estudo de mercado que já foi realizado. Certamente, isso irá demandar alterações em seu planejamento e mudanças em suas estratégias e planos.

03 Qual a demanda, o nível de crescimento e as tendências do mercado em que estão inseridos seus produtos/serviços?

Buscar todas essas informações poderá ajudar a identificar as reais possibilidades do seu negócio no mercado. Se a demanda por produtos/serviços semelhantes aos seus for grande, maiores serão as chances de sucesso do seu empreendimento, principalmente se seus produtos/serviços agregarem diferenciais que atendam às necessidades dos clientes que os outros não conseguem atender, pois certamente a comparação existirá e, nesse caso, será favorável a você.

04 Foi feita uma segmentação (geográfica, por faixa etária, sexo, renda etc.) do mercado, para poder enquadrar o seu produto/serviço?

Normalmente, as empresas começam pequenas, servindo a um determinado segmento de mercado, pois não possuem recursos suficientes para atender a um mercado global. Aqui, características do produto/serviço, o perfil e o comportamento do consumidor diante da decisão de compra do produto, determinados por fatores culturais, sociais, pessoais e psicológicos, pode ajudá-lo a descobrir um nicho que venha a ser favorável à sua entrada no mercado.

05 Foram estruturados gráficos e tabelas com os dados levantados a respeito do seu mercado?

A visualização dos dados do mercado fica mais simples quando os colocamos em tabelas e gráficos. O uso de técnicas estatísticas de coleta e tabulação de dados e o de planilhas eletrônicas podem facilitar o trabalho na hora em que você for projetar e classificar as taxas de crescimento ou retração do seu mercado-alvo.

06 Como os impactos da economia mundial podem afetar o seu negócio e o seu mercado de atuação?

Antes de começar a delinear o seu empreendimento, é interessante que você faça uma análise global de como a economia mundial afeta as empresas que estão no mesmo ramo de atividade que a sua. Essa análise servirá como um termômetro do grau de risco que você assumirá quando da formação do empreendimento e permitirá minimizar esses riscos quando da entrada no mercado.

07 A atual política econômica do país a respeito dos negócios ou empreendimentos similares ao seu é conhecida? Como ela pode afetar o seu negócio?

Às vezes, políticas governamentais podem trazer muitos problemas para um determinado tipo de empreendimento. É necessário que você tenha uma boa visão de como essas políticas afetam o seu negócio, tanto no presente quanto no futuro. Nem todas as políticas econômicas são claras e nem sempre identificamos os possíveis problemas. O mais importante nesse momento é traçarmos alguns cenários e verificarmos os impactos que trarão ao negócio. Eles podem ser definidos como situações mais prováveis, pessimistas e otimistas. Quanto mais cenários você conseguir definir, menores os riscos assumidos no seu empreendimento.

08 A legislação vigente para empresas do mesmo ramo de atividades traz algum impacto que possa ser prejudicial aos negócios?

Procure estudar com atenção a legislação, pois nunca se sabe quando imprevistos podem aparecer e inviabilizar o empreendimento. Questões relacionadas aos recursos humanos geralmente são as que mais afetam os negócios, visto que o maior custo de uma empresa está em sua mão de obra. Fique atento, também, às questões relacionadas ao funcionamento da empresa: alvarás, licenças, permissões, entre outras, que podem inviabilizar o início das atividades ou retardar o processo, fazendo com que uma oportunidade seja perdida.

> Procure estudar com atenção a legislação, pois nunca se sabe quando imprevistos podem aparecer e inviabilizar o empreendimento.

09 Qual é o impacto da atual política fiscal sobre os negócios similares ao seu?

Taxas, impostos e tributos podem consumir as margens de lucro de determinados produtos/serviços. Esteja atento e mensure com precisão o quanto isso poderá afetar sua empresa. A carga tributária onera substancialmente as organizações e a definição da melhor situação tributária a ser usada pode determinar até mesmo o sucesso do empreendimento. Empresas pequenas podem aproveitar alguns benefícios fiscais; entretanto, tome cuidado com essas questões.

10 Foi delineado algum plano de contingência caso haja alguma mudança substancial no mercado, nas políticas governamentais ou mesmo na própria empresa?

É sempre bom termos planos alternativos para minimizarmos os efeitos que mudanças drásticas possam acarretar no nosso empreendimento. Assim, trabalhe com várias alternativas, pois isso minimiza os impactos na empresa ou, pelo menos, torna-os conhecidos. Mais uma vez, traçar vários cenários pode auxiliar na identificação de fatores de risco.

3.2.2 Clientes e consumidores

Identificar nossos prováveis clientes, saber quanto eles são, onde estão localizados, suas preferências, seus comportamentos, seus padrões de consumos, os fatores que os levam a comprar um produto são informações essenciais para atribuir tamanho ao nosso empreendimento.

Após estudarmos e segmentarmos o mercado, **o próximo passo é buscarmos o máximo de informações possíveis a respeito dos clientes em potencial**, pois serão eles os futuros consumidores de nossos produtos/serviços, além de que temos a obrigação de conhecê-los bem.

Para permitir a obtenção de informações sobre os clientes, segue uma sequência de questões para nos ajudar nessa tarefa.

01 Quem são os seus clientes?

A resposta a essa questão está diretamente relacionada ao seu produto e a como você quer iniciar seu negócio. A segmentação de seu mercado também influencia na resposta. Você precisa identificar quem são seus prováveis clientes e, principalmente, suas necessidades, pois só assim saberá se seus produtos de fato atendem às necessidades dos clientes.

Concorrentes que produzem ou vendem produtos/serviços similares podem ajudá-lo a definir os clientes, pois, nesse caso, eles serão os mesmos. Contudo, não se baseie apenas nessa informação, já que, dependendo das características e diferenciais do seu produto/serviço, é possível que haja alterações na quantidade de prováveis clientes de seu negócio.

02 Você conhece as preferências, o comportamento, o estilo de vida e as necessidades de seus prováveis clientes?

Conhecer esses dados é muito importante, pois influenciam na decisão de compra dos clientes e servem como base para determinar as possibilidades de crescimento do seu empreendimento. Saber identificar as preferências, o comportamento, o estilo de vida e as necessidades dos seus prováveis clientes pode propiciar um grande diferencial competitivo.

A busca por essas informações deve ser realizada por meio de pesquisas e várias fontes podem ser consultadas. A tecnologia, mais uma vez, pode colaborar muito no levantamento desses dados e a internet passa a ser uma grande aliada.

03 Você conhece os padrões de consumo de seus prováveis clientes?

Nesse momento, devemos definir a frequência e a regularidade com que os clientes consomem determinados produtos/serviços e suas expectativas em relação a eles. Isso é fator fundamental para a determinação das possíveis receitas auferidas pela venda e da estrutura de custos necessária para dar andamento ao negócio.

04 Foram identificados os fatores decisivos que levam os clientes a comprarem seus produtos/serviços?

Dependendo do segmento de mercado que você pretende atingir, a decisão de compra dos clientes se dará por meio de fatores como qualidade, preço, facilidade de uso, funcionalidade, tamanho, formato, entre outros. Assim, o conhecimento dessas informações pode auxiliar na modificação do produto/serviço, levando em conta as características mais procuradas.

05 **Seus prováveis clientes são fiéis a alguma marca, ou produto/serviço similar ao seu, comercializada no mercado?**
Dependendo do grau de fidelização desses clientes, as dificuldades de entrar nesse mercado serão grandes e poderão ser um limitador de expansão de vendas de seu produto/serviço.

3.2.3 Concorrentes

É frequente ignorarmos a concorrência quando surge uma ideia de um possível produto/serviço. E isso ocorre por um motivo simples: por acharmos que criamos algo diferente, não levamos em conta o fato que, talvez, haja produtos similares no mercado tão bons quanto os nossos. Muitas vezes, não damos o real valor àquilo que é produzido pelos concorrentes, o que acaba se tornando um erro, pois a concorrência pode nos limitar em várias situações do empreendimento e afetar substancialmente nossas estratégias.

No estudo da concorrência, além de identificarmos nossos concorrentes diretos, precisamos identificar também os indiretos, pois estes possuem um grau de influência elevado para o empreendimento, fato que passa despercebido justamente por não os identificarmos como ameaças diretas.

> Por acharmos que criamos algo diferente, não levamos em conta o fato de que, talvez, haja produtos similares no mercado tão bons quanto os nossos.

Identificados os concorrentes, uma matriz SWOT pode auxiliar na determinação das oportunidades e das ameaças (ambiente externo) e das forças e das fraquezas (ambiente interno), tanto nossas como de nossos concorrentes.

Capítulo 3

01 **Você conhece seus concorrentes?
Sabe quantos são e onde eles estão?**

É crucial para o negócio que você conheça a concorrência, pois ela será a responsável pela maioria das limitações que venha a ter quando do planejamento do empreendimento. Pontos como localização, política de preços, benefícios concedidos aos clientes, entre outros, precisam ser identificados. Fique atento aos concorrentes e conheça-os muito bem, pois só assim você poderá se precaver de problemas futuros.

02 **Como seus concorrentes atuam no mercado?**

Conhecer a fundo os concorrentes trará a você alguns benefícios, principalmente se estes puderem antecipar a forma como aqueles atuam no mercado.

Se os concorrentes já estão a algum tempo no mercado, certamente eles já ultrapassaram várias etapas que deverão ser superadas por você. Devido à experiência adquirida, provavelmente esses concorrentes possuem barreiras que limitam as empresas que queiram entrar no mesmo ramo de atuação. Assim, eles tendem a dificultar a entrada de qualquer empresa que possa prejudicá-los, principalmente quando já possuem uma imagem consolidada e clientes fiéis, que dificilmente migrarão para uma nova marca ou empresa.

03 **Qual a participação de cada um
de seus concorrentes no mercado?**

Você pode estabelecer a participação de cada concorrente no mercado por meio da análise estatística de tabelas e gráficos, com os dados levantados durante sua pesquisa. Isso dará subsídios para traçar uma estratégia que lhe possibilite entrar no mercado-alvo. Entretanto, para que isso aconteça, é preciso conquistar seu espaço dentro do mercado e tal objetivo só será alcançado caso consiga atrair clientes de seus concorrentes ou tenha um diferencial atrativo. Você precisa ter em mente que não estará sozinho no mercado desejado e que o sucesso de sua inserção dependerá de sua competência.

04 Quais os seus diferenciais competitivos em relação à concorrência?

Quase tudo o que fazemos tem por base comparações. Como consumidores, comparamos qualidade, preços, diferenças, entre outros fatores. Quando falamos em empresa, o melhor modo de verificar se o nosso empreendimento está no caminho certo é fazer comparações com os empreendimentos similares ao nosso.

A melhor forma de responder a essa pergunta é a criação de uma matriz SWOT, cuja estrutura possibilita comparar situações esperadas por sua empresa às situações vividas pelos seus concorrentes, além de identificar as forças e as fraquezas de cada um, o que permite o aperfeiçoamento das estratégias em cima dessa análise, de forma a corrigir os seus pontos negativos e capitalizar em cima do que o seu negócio tem de bom.

05 Quais medidas serão adotadas pelos seus concorrentes quando da sua entrada no mercado?

Quando uma empresa entra num ramo de atividade, é comum que as empresas a mais tempo no mercado tentem impor barreiras para dificultar essa entrada. Esses obstáculos podem ocorrer por meio de patentes, tecnologia, canais de distribuição e até pela política de preços e de comunicação. Procure se antecipar aos seus concorrentes, pois isso fará com que os riscos de ser pego de surpresa sejam menores.

06 Quais os fatores de sucesso de seus concorrentes? Por que eles vendem seu produto/serviço? O que é possível fazer para que o cliente compre o seu produto/serviço e não o de seu concorrente?

Os questionamentos vistos até esse momento fazem um levantamento geral dos dados a respeito da concorrência e demandam várias pesquisas acerca do assunto. Essa pergunta só poderá ser respondida caso seus produtos/serviços possuam diferenciais que os permitam ser melhor que a concorrência. Estude bem o seu mercado, teste seu produto, esteja atento às necessidades de seus prováveis clientes e busque algo com que possa encantá-los. Só assim você terá chances no mercado.

3.2.4 Fornecedores

É comum, num primeiro momento, não nos preocuparmos com os nossos fornecedores. Entretanto, precisamos ter em mente que nosso empreendimento também depende deles para que tenhamos sucesso, pois precisaremos deles para obtermos matérias-primas ou produtos acabados para a venda. O tempo de entrega das matérias-primas ou dos produtos acabados influencia diretamente no prazo necessário para disponibilizar seu produto/serviço aos clientes, influenciando, consequentemente, na venda e no faturamento.

> **Importante**
> Você já deve ter ouvido a máxima "nunca fique na mão de um único fornecedor". Caso isso aconteça, o sucesso ou o fracasso de seu empreendimento estará nas mãos desse fornecedor. Várias empresas que não atentaram para esse fato tiveram grandes problemas.

A seguir, você verá algumas questões que darão um roteiro para o conhecimento sobre fornecedores.

01 Quem serão os seus fornecedores?

Para definir quem serão os seus fornecedores, é preciso que você saiba o tipo de produtos/serviços fabricado e o que é necessário ter em mãos para que sejam produzidos. Por exemplo: se o seu empreendimento for industrial, você precisará de matérias-primas para produzir seus produtos/serviços; se for comercial, precisará de produtos acabados para revenda; se trabalhar com prestação de serviços, precisará de insumos.

Conhecer os fornecedores talvez seja tão importante para o negócio quanto conhecer seus concorrentes. Não deixe de buscar o máximo de informações sobre eles, pois isso permitirá que você fique tranquilo em relação a tudo que for necessário para que o empreendimento não sofra uma descontinuidade de vendas devido ao não fornecimento de insumos.

02 **Você conhece a localização dos seus fornecedores? Em caso afirmativo, há algum que se localiza próximo à sede de seu empreendimento?**

A resposta a essa questão determinará tanto os custos de fornecimento dos insumos ou produtos acabados quanto o tempo para a entrega deles.

> **Importante**
> A dependência dos fornecedores é muito grande e precisamos considerar todos os aspectos do fornecimento. Se o seu produto/serviço depende muito de um determinado insumo, procure realizar parcerias com fornecedores, pois, se por algum motivo esse insumo não estiver à sua disposição na hora certa, você precisa estar preparado para as consequências que esse fato trará.

03 **Você conhece a qualidade dos insumos, das matérias-primas ou dos produtos de seu fornecedor? Quanto eles custam?**

A qualidade dos insumos usados para a produção de seus produtos/serviços será fator fundamental para diferenciá-los em relação aos produtos confeccionados pela concorrência. Além disso, os custos de produção levam em conta os seus gastos em relação aos insumos utilizados. Esses custos poderão ser reduzidos ou aumentados de acordo com o que for cobrado. Custos menores podem ser traduzidos em preços de venda menores, facilitando a venda de seu produto/serviço.

Capítulo 3

04 Foram definidas as formas de avaliação de seus fornecedores?

Avaliar os fornecedores com frequência garante um fornecimento regular e com um bom nível de qualidade e preço, o que, conforme já foi mencionado anteriormente, poderá influenciar na produção e nos custos. Crie métodos de avaliação de seus fornecedores, com checagens de vários itens da atuação deles perante sua empresa ou procure obter informações de outras empresas que usem os mesmos insumos fornecidos por esses fornecedores.

Algumas tabelas podem resolver o problema de avaliação e você não precisará nesse primeiro momento de um controle sofisticado; basta saber o tempo de fornecimento e a qualidade com que os insumos são entregues

05 Há outras opções caso um de seus fornecedores não possa mais fornecer os insumos ou produtos necessários ou atrase o fornecimento?

Você deve ter muito cuidado em relação ao fornecimento de insumos ou produtos para revenda, pois qualquer problema em relação a eles pode causar uma paralisação das operações da empresa, o que, consequentemente, gerará problemas com os clientes.

Defina seu fornecedor principal, mas tenha sempre uma "carta na manga", ou seja, outras opções de fornecimento. Não deixe para pensar nessa questão somente quando os problemas baterem à porta, pois a solução encontrada poderá ser bem cara.

06 Como será realizado o transporte das matérias-primas ou dos produtos acabados necessários para seu negócio?

O tempo e a forma como os insumos chegarão até às suas mãos afetará o modo como o produto chegará até aos seus clientes. Quando o cliente decide pela compra, ele quer o produto o mais rápido possível. Qualquer atraso não poderá ser justificado de forma satisfatória para o negócio.

Síntese

Neste capítulo, esboçamos um roteiro e uma sequência para o desenvolvimento da primeira parte de um plano de marketing – início do estudo quando da confecção de um plano de negócios.

Para darmos uma sequência lógica ao assunto, separamos o capítulo em duas partes principais. Na primeira, elencamos questões referentes aos produto/serviços, permitindo conhecer, com um bom nível de detalhes, tudo o que se refere à definição, ao desenvolvimento e ao uso desses produtos/serviços. Na segunda, tratamos a respeito das questões mercadológicas, cujo principal foco foi a busca de conhecimento sobre o mercado, o setor de atividade, os clientes, os concorrentes e os fornecedores.

Em ambas as partes, a intenção não era fornecer respostas, mas fazer com que, por meio das perguntas, mais questionamentos fossem surgindo, demonstrando a necessidade de se buscar um grande volume de informações e, consequentemente, adquirir maior conhecimento sobre o assunto. Todo conhecimento que pudermos obter trará consistência ao plano e, principalmente, ao negócio que queremos implementar.

Questões para revisão

1. Por que é importante definirmos qual será o nosso produto/serviço para começarmos a estudar o mercado?
2. Como podemos começar uma avaliação de mercado?
3. Quais as ferramentas que devem ser utilizadas para conhecermos prováveis clientes?
4. Como é possível avaliarmos a concorrência?
5. Por que é preciso conhecer nossos fornecedores?

Questões para reflexão

1. Por que precisamos conhecer a fundo o produto/serviço que queremos colocar no mercado?
2. Por que precisamos obter um grande volume de informações a respeito do mercado?

3. Por que é fundamental para o empreendimento definirmos o público-alvo?
4. De que modo a concorrência pode afetar o empreendimento?

Para saber mais

Para você aprofundar os conteúdos do Capítulo 3 e buscar mais informações a respeito de produtos/serviços, mercado, setor de atividade, clientes, concorrentes e fornecedores, sugerimos a seguinte bibliografia:

BERNARDI, L. A. **Manual de empreendedorismo e gestão**. São Paulo: Atlas, 2003.

DOLABELA, F. **O segredo de Luísa**. São Paulo: Cultura, 2004.

GRACIOSO, F. **Marketing estratégico**: planejamento estratégico orientado para o mercado. 6. ed. São Paulo: Atlas, 2007.

KOTLER, P. **Administração de marketing**. São Paulo: Pearson, 2006.

_____. **O marketing sem segredos**. São Paulo: Bookman, 2005.

capítulo

As estratégias de *marketing*

04

Conteúdos do capítulo:

- Posicionamento do produto/serviço;
- As estratégias de *marketing*;
- O composto de *marketing*.

Após o estudo deste capítulo, você será capaz de:

- posicionar seu produto/serviço no mercado;
- avaliar a importância do composto de *marketing* na definição das estratégias;
- entender o que é uma política de preços;
- definir a forma de distribuição de seu produto/serviço;
- entender a importância de promover seus produtos/serviços.

As estratégias de *marketing* definem a forma como a empresa levará seus produtos/serviços aos consumidores. Por meio delas, a empresa deve demonstrar a capacidade de tornar seus produtos/serviços conhecidos e atrair os clientes para a compra.

Para traçarmos uma estratégia de marketing eficaz, primeiramente temos de posicionar o nosso produto/serviço no mercado. Uma das ferramentas utilizadas para isso é a chamada *matriz BCG*. Ela define o potencial do produto e o de crescimento do mercado.

Feito o posicionamento do produto, podemos utilizar outra ferramenta eficiente para definir as estratégias de *marketing*. Trata-se do chamado *composto de marketing* ou *marketing mix*, também conhecido como os *4 Ps* – produto, preço, praça (ou ponto de venda) e promoção.

Capítulo 4

4.1 Posicionando o produto/serviço no mercado

Para entendermos melhor como posicionar nossos produtos/serviços no mercado, precisamos saber como funciona a matriz BCG.

Figura 4.1 – Matriz BCG

↑ crescimento	**Produto vaca leiteira** Alta participação em mercados de baixo crescimento	**Produto estrela** Alta participação em mercados de alto crescimento
	Produto abacaxi Baixa participação em mercados de baixo crescimento	**Produto dúvida** Baixa participação em mercados de alto crescimento
	participação relativa de mercado →	

(MATRIZ BCG)

Fonte: Adaptado de Dornelas, 2001, p.135.

Com base na Figura 4.1, podemos identificar duas setas que determinam o crescimento do mercado – uma identifica como se dá o crescimento de mercado para uma determinada linha de produtos e a outra, a participação relativa do produto/serviço nesse mercado (comparação da participação do mercado de seu produto/serviço em relação aos seus principais concorrentes).

Cada quadrante determina, portanto, como seu produto está posicionado neste mercado e o potencial de crescimento desse produto. Em relação a esse posicionamento, os produtos/serviços são classificados em quatro tipos:

- Produtos/serviços estrela – São aqueles que possuem uma elevada participação em mercados com alto potencial de crescimento, ou seja, os produtos/serviços que toda a empresa gostaria de vender. São autossustentáveis e demandam grandes volumes de recursos para se manterem nessa posição; entretanto, geram, também, um alto volume de receitas.

- Produtos/serviços dúvida – São aqueles que possuem baixa participação em mercados com alto potencial de crescimento. Geralmente, estão relacionados a novos negócios, em que os produtos/serviços não são conhecidos, gerando uma venda pequena.
- Produtos/serviços vaca leiteira – São aqueles que possuem grande participação em mercados de baixo crescimento.
- Produtos/serviços abacaxi – São aqueles que possuem pouca participação em mercado de baixo crescimento. Se identificarmos nosso produto neste quadrante, devemos pensar duas vezes antes de o colocarmos no mercado, pois demandarão altos investimentos e o retorno não será satisfatório.

A seguir, veremos como podemos definir as estratégias de *marketing*.

4.2 Definindo as estratégias de *marketing*

Estudado o mercado e posicionado o produto, agora podemos pensar em traçar as estratégias de *marketing* que nos levarão a atingir nossos objetivos e com isso participarmos de forma ativa no mercado.

Como já foi mencionado anteriormente, o composto de *marketing* será a ferramenta utilizada para nos ajudar a traçar essas estratégias de *marketing*. A seguir, discorreremos a respeito de cada um dos Ps que fazem parte desse composto, com exceção do "P" de produto, pois ele já foi abordado no Capítulo 3. Mais uma vez, serão elencadas várias questões para levar você à busca de respostas de como traçar as estratégias.

4.2.1 Preço

Definir o preço que cobraremos por nossos produtos/serviços não é uma tarefa fácil. Precisamos levar em conta uma série de variáveis, pois nossos produtos precisam gerar receita para cobrir os custos e garantir lucro para a empresa. Entretanto, o preço cobrado não pode ser muito diferente daquele que foi estipulado pela concorrência, pois isso pode acarretar problemas em relação às vendas, a não ser que o seu produto/serviço possua um diferencial em relação aos similares que estão no mercado.

Por isso, **é importante que você estude bem a situação**. Após a avaliação do mercado, do segmento de atuação, dos clientes e de suas necessidades, o próximo passo a ser dado é a definição de uma estratégia de preços para os produtos/serviços.

Nunca esqueça que comparações serão feitas pelos clientes e disso pode resultar a decisão de compra de um produto/serviço.

01 Como será definido o preço do produto/serviço?

O preço estipulado para um produto/serviço leva em conta muitas variáveis, além da equação mais comumente utilizada no mercado: custo + lucro. Quando definimos o preço a cobrar pelo nosso produto/serviço, é preciso levar em consideração outras variáveis, como o preço cobrado pela concorrência, o valor agregado ao produto/serviço e se o cliente está disposto a pagar o preço definido.

Lembre-se de que não existe preço alto ou baixo, pois os clientes avaliarão de forma comparativa qual será o benefício obtido com a aquisição do produto/serviço, ou seja, se este será capaz de suprir as suas necessidades. O cliente só terá noção se o preço está alto ou baixo após essa avaliação.

Para facilitar a explicação, imagine a seguinte cena: você está no meio de um deserto há dois ou três dias sem tomar uma gota de água. De repente, você avista um viajante que lhe oferece uma garrafa com água mineral de 500 ml por R$ 100,00. Já em outra situação, você se encontra no centro da cidade e um vendedor lhe oferece uma garrafa com água, também de 500 ml, pelo mesmo preço. Em qual das duas situações o preço está mais elevado, visto que o valor nominal é o mesmo?

Desse modo, fica evidente que, para a formação do preço de seu produto, vários pontos devem ser considerados. Cabe a você definir a maneira como abordará essas considerações.

02 Após a definição do preço, como será avaliada a influência dele sobre as vendas?

Dependendo do seu produto/serviço e da segmentação de seus prováveis clientes, o preço determinará as quantidades a serem vendidas e a receita que a empresa poderá ter com essas vendas, influenciando nas projeções econômico-financeiras. A maior ou a menor quantidade vendida irá afetar diretamente a receita e, consequentemente, os resultados que serão alcançados pela organização.

Procure avaliar o volume de vendas em relação aos preços cobrados por seu produto/serviço, pois, como já foi dito anteriormente, haverá comparações por parte da clientela e você precisa estar preparado para um maior ou menor volume de venda, de acordo com o preço cobrado pelo produto/serviço.

Esta questão será abordada com mais profundidade quando formos discutir a respeito do plano financeiro. Assim, inicialmente não se preocupe muito com os resultados, pois você verá que eles sofrem influencia de outros fatores além do preço.

03 O que significa uma estratégia de penetração no mercado por meio do preço do produto/serviço?

Geralmente, quando iniciamos um negócio, comercializamos nosso produto com preços menores para que possamos conquistar determinadas fatias de participação no mercado, ajustando esses preços conforme o produto/serviço se torna conhecido.

Essa estratégia é bastante **perigosa**, pois pode associar a imagem da empresa a produtos de baixa qualidade ou, ainda, resultar na perda de clientes quando os preços começarem a ser ajustados.

Capítulo 4

04 O que significa uma política de preços?

Independentemente da forma como atribuiremos os preços dos produtos/serviços (custo + lucro, percepção dos clientes, comparação com a concorrência ou uma composição de várias delas), é importante que determinemos uma política de preço a ser seguida.

Como principal finalidade, uma política de preços fará com que você não perca o foco nas estratégias definidas pela empresa e não se deixe levar pelas oscilações do mercado, definindo seus preços somente a partir dessas oscilações.

Conforme Biagio e Batochio (2005, p. 141), as políticas de fixação de preços mais utilizadas pelas empresas estão baseadas em três grupos de estratégias: oportunistas, predatórias e contingenciais. A seguir, veremos as políticas de preço utilizadas quando definimos uma das estratégias.

a) Oportunistas:

- aumentar os preços conforme a concorrência, mesmo não sendo necessário, o que aumenta as margens de lucro e gera melhores resultados para a empresa;
- aumentar os preços conforme o aumento da procura pelos produtos/serviços;
- reduzir os preços para aumentar o volume de vendas, principalmente quando possui a informação de que os concorrentes não o poderão fazer.

b) Predatória:

- tirar os concorrentes do mercado e aumentar sua participação com a redução dos preços;
- forçar os concorrentes a recuar ou a aceitar um acordo com a redução dos preços.

c) Contingencial:

- fixar preços bastante elevados, direcionando a venda dos produtos a uma camada de consumidores de alto poder aquisitivo e, quando da saturação desse mercado, reduzir os preços e atingir outras classes de consumidores;
- liquidação dos produtos para obter caixa e reduzir os estoques;
- vender alguns produtos de alta necessidade com preço mais baixo para atrair clientes e vender outros itens com preços mais altos;
- manter preços baixos enquanto se procura um reposicionamento no mercado.

Como você pode perceber, existem várias maneiras de definir e traçar uma política de preço. Cabe a você escolher a que mais se adéqua ao seu produto/serviço e à sua empresa.

4.2.2 Pontos de venda ou de distribuição

O componente *praça* do composto de *marketing*, traduzido para o português do termo em inglês *place*, leva-nos a pensar em um local onde nossa empresa estará instalada. Contudo, precisamos ir além dessa interpretação, pois a forma como iremos levar nosso produto/serviço aos clientes depende muito mais das necessidades destes do que ter, efetivamente, um local onde o cliente encontre o nosso produto.

> Muitas vezes não é o local, mas, sim, fatores como segurança, rapidez e qualidade que influenciam na decisão de compra do cliente.

Para esclarecermos melhor essa ideia, pense nos seguintes exemplos: quando você pensa em uma pizzaria que faz entregas em domicílio, está mais preocupado com o local em que ela se encontra ou com a qualidade do produto e o tempo de entrega? Quando você faz uma compra pela internet, está mais interessado em saber o local em que se localiza a empresa ou se o produto adquirido chegará intacto e no prazo estipulado?

Como podemos perceber, muitas vezes não é o local, mas, sim, fatores como segurança, rapidez e qualidade que influenciam na decisão de compra do cliente.

A seguir, serão elencadas algumas questões que lhe ajudarão na hora de definir os critérios para a distribuição dos seus produtos/serviços.

01 Como será a comercialização do seu produto/serviço? Já foi definida a forma como ele será distribuído?

Alguns tipos de produtos não necessitam de um local, como uma loja ou um ponto comercial, para serem comercializados. Eles podem ser distribuídos por diferentes canais, como a internet ou a venda por catálogo. Cabe a você a escolha do canal que mais se adéqua ao seu produto/serviço, sem deixar de levar em consideração a concorrência e os clientes.

02 Qual a preferência dos clientes em relação à forma de comercialização para o tipo do produto/serviço que você comercializa?

Para muitos clientes, as formas tradicionais de comercialização, como o deslocamento até uma loja ou um *shopping*, já não suprem mais suas necessidades e se tornam um incômodo. É importante conhecer as suas preferências e implementar diferenciais que atendam essas novas necessidades.

Uma forma diferenciada de venda em relação aos nossos concorrentes pode ser benéfica para a empresa e criar diferenciais que atraiam os clientes. Contudo, necessita ser estudado, pois se o mercado exige, para determinados produtos/serviços, uma forma tradicional de venda, qualquer mudança poderá vir a prejudicar as vendas da empresa.

03 Se a opção for trazer o cliente até o local de venda, foi feita uma pesquisa a respeito de quais são os melhores locais para a implementação do negócio?

Quando vamos decidir onde devemos estabelecer nossa empresa, precisamos pensar num local que seja de fácil acesso ao consumidor e que tenha grande fluxo de pessoas, de modo que elas possam entrar no estabelecimento e conhecer os produtos/serviços.

Se você tem em seu produto/serviço diferenciais em relação a seus concorrentes, procure ficar perto deles, pois, como a comparação é inevitável, esses diferenciais podem atrair o cliente para a sua loja. Mas, se por outro lado, seus produtos não se diferenciam da concorrência, fique afastado de seu concorrente, já que uma comparação, nesse caso, poderá ser prejudicial.

Vide as lojas de telefones celulares. Como os aparelhos se assemelham, os diferenciais estão nas promoções e, até mesmo, nos preços. Nesse caso, a comparação é benéfica e as lojas estão muito próximas umas das outras.

04 Se a opção for levar o produto/serviço ao cliente, como será feita a comercialização?

Existem vários meios de levar um produto ao cliente: por meio de catálogos, venda porta a porta, venda *on-line*, entre outros. Precisamos escolher o meio mais adequado, de acordo com as necessidades de nossos clientes.

Nos exemplos citados, geralmente os custos são reduzidos, pois não há investimento em imóveis e em funcionários, além de outros custos que um local de comercialização possui. Entretanto, é preciso levar em conta os custos da logística de entrega dos produtos/serviços.

05 Há a possibilidade de distribuir seu produto/serviço em parceria com outra empresa?

Várias parcerias são feitas com o intuito de otimizar a distribuição dos produtos e gerar benefícios para as empresas parceiras. Essa união pode ser uma ótima opção, por exemplo, para que se tenha uma diminuição nos custos de logística. Além disso, como os custos de comercialização serão menores, o negócio pode ganhar mais espaço no mercado em relação à concorrência.

4.2.3 Promoção e propaganda

Dificilmente um produto terá sucesso no mercado se o cliente não souber de sua existência ou de seus benefícios. Em outras palavras, o produto/serviço não vingará se não for promovido e divulgado.

Os meios mais utilizados para a promoção são a **propaganda**, a **publicidade**, a **promoção de vendas** e a **venda pessoal**. Empresas pequenas, que ainda estão em processo de inserção no mercado, terão dificuldades em usar mais de um dos meios anteriormente citados, devido aos seus custos. Contudo, independentemente do tamanho da empresa, é importante que você pense numa maneira de divulgação, de forma que as informações possam chegar aos seus clientes, incentivando-os a comprar seu produto/serviço.

A seguir, você verá algumas perguntas que poderão ajudá-lo a definir o melhor modo de divulgar seus produtos/serviços.

01 Qual a melhor maneira de promover seu produto/serviço?

A promoção de um produto/serviço cria consciência de suas características e benefícios, faz o consumidor comprá-lo e explica como este satisfaz suas necessidades. Saber definir qual a melhor maneira de promovermos um produto é fundamental, pois é muito importante que essa divulgação atinja o público a que é destinada. De nada adianta investirmos grandes recursos em promoção se não a focamos no nosso público-alvo.

02 Quais materiais de divulgação poderão ser utilizados para promover seu produto/serviço?

A melhor forma de você descobrir como divulgar seu produto/serviço é conhecer o perfil de seus clientes. Muitas vezes, não precisamos investir grandes recursos para que a divulgação seja eficaz.

As formas mais utilizadas para divulgação de produtos são catálogos de produtos, *newsletter*, mala direta, *call center*, campanhas de incentivo, campanhas de fidelidade, concursos, anúncios em classificados, anúncios em mídia dirigida, anúncios em mídia de massa, *outdoors* e participação em feiras. Determine qual a forma que melhor se encaixa dentro dos objetivos a serem alcançados pela divulgação de acordo com o perfil dos clientes que você pretende atingir e, principalmente, dentro dos recursos financeiros destinados a essa divulgação.

03 **Qual será a quantia de recursos necessária para a divulgação de seu produto/serviço?**

Geralmente, os custos de divulgação são bastante elevados, principalmente se a opção for a de fazer propaganda. A escolha da mídia pode influenciar bastante nesses custos e até inviabilizar a divulgação de seu produto/serviço, principalmente se a mídia escolhida for a televisiva, a mais cara de todas as formas de divulgação. Considere que a divulgação de seu produto/serviço tem a finalidade de fixar a marca, as características e os benefícios que trará aos consumidores; portanto, não basta fazer uma única inserção na mídia e esperar que surjam bons resultados. Quando os recursos disponíveis para essa divulgação são escassos, pode-se optar por uma forma de divulgação menos onerosa, que possa ser realizada com maior frequência e que possibilite atingir o maior número possível de pessoas. Faça a escolha certa, dentro de suas possibilidades, **mas não deixe de divulgar o seu produto/serviço**, pois como diz o ditado "a propaganda é a alma do negócio".

Síntese

Neste capítulo, vimos a importância do posicionamento de nosso produto/serviço no mercado para podermos iniciar a definição das estratégias de *marketing* que serão utilizadas por nossa empresa.

Quando falamos em estratégias de marketing, nos referimos ao composto de *marketing* ou ao *marketing mix* ou, ainda, à definição dos

Capítulo 4

4 Ps – produto, preço, praça (ou ponto de venda) e promoção –, que com sua especificação permite o desenvolvimento da segunda parte de um plano de *marketing*, inserido num plano de negócios.

Com os questionamentos correspondentes a cada "P", foram elencadas estratégias que poderão estabelecer a melhor maneira de participarmos do mercado e atingirmos os objetivos do empreendimento.

Novamente, a intenção não era a de trazer respostas prontas, mas, sim, incentivar a análise das várias situações propostas e permitir a você traçar suas estratégias de acordo com a necessidade de seu negócio, definindo políticas de preços, formas de distribuição e divulgação de seus produtos/serviços.

Questões para revisão

1. Qual a melhor ferramenta para posicionarmos nosso produto/serviço no mercado?
2. Por que é importante posicionarmos nosso produto/serviço no mercado?
3. O que são estratégias de *marketing*?
4. Como devemos definir o preço de nosso produto/serviço?
5. O que devemos levar em conta para definirmos os nossos produtos/serviços?
6. Qual a importância de promovermos nossos produtos/serviços?

Questões para reflexão

1. Por que devemos definir uma política de preços para a nossa empresa?
2. Os preços de nossos produtos/serviços só devem ser definidos pela equação custo + lucro?
3. Em que situações não devemos usar uma estratégia tradicional de distribuição de nossos produtos/serviços?
4. A frequência de promoção e de divulgação dos produtos/serviços influencia nas vendas?

Para saber mais

Para você aprofundar os conteúdos do Capítulo 4 e buscar mais informações a respeito de posicionamento de produtos e estratégias de *marketing*, sugerimos a seguinte bibliografia:

BERNARDI, L. A. **Manual de empreendedorismo e gestão**. São Paulo: Atlas, 2003.

BIAGIO, L. A.; BATOCCHIO, A. **Plano de negócios**: estratégia para micro e pequenas empresas. São Paulo: Manolé, 2005.

GRACIOSO, F. **Marketing estratégico**: planejamento estratégico orientado para o mercado. 6. ed. São Paulo: Atlas, 2007.

KOTLER, P. **Administração de marketing**. São Paulo: Pearson, 2006.

_____. **O marketing sem segredos**. São Paulo: Bookman, 2005.

capítulo

A constituição da empresa

05

Conteúdos do capítulo:

- A formação da empresa;
- A forma legal de constituição;
- A localização e o espaço físico;
- A infraestrutura;
- Os recursos humanos;
- A operação da empresa;
- A administração geral.

Após o estudo deste capítulo, você será capaz de:

- definir a forma de organização de uma empresa;
- avaliar a importância dos recursos humanos na empresa;
- descrever as etapas operacionais da empresa.

Após a avaliação da oportunidade, o estudo do mercado e a definição das estratégias, chegou a hora de dar corpo ao empreendimento. Entre os fatores que precisam ser considerados no momento de estruturar uma empresa, encontram-se o tamanho, a forma de tributação, a operação e as responsabilidades das pessoas que ocuparão posições na empresa, entre outras.

É nesse momento, também, que você deve começar a pensar na estrutura organizacional necessária – espaço físico, recursos humanos e materiais e insumos – para dar andamento ao empreendimento.

Se a empresa já existe e a ideia está voltada à sua expansão, com novos produtos/ serviços que serão comercializados no mercado, o momento é de medir os impactos que essa nova proposta trará à estrutura atual da organização. É preciso reavaliar a empresa como um todo e ajustar o que for necessário, tendo em mente o seguinte questionamento: "A estrutura atual da empresa poderá comportar o novo empreendimento?".

Capítulo 5

5.1 Formas de constituição e organização geral

Existem quatro formas básicas de constituição legal de uma empresa: empresas individuais, sociedades simples, sociedades limitadas e sociedades anônimas. A **empresa individual** é aquela em que há um único proprietário. A **sociedade simples** é aquela em que duas ou mais pessoas, com a mesma formação profissional, formam uma sociedade para desenvolver atividade econômica e partilhar os resultados. Já a **sociedade limitada** – forma mais comum de organização no Brasil – é aquela em que a responsabilidade dos sócios é restrita ao valor de suas cotas. Por fim, as **sociedades anônimas** são aquelas em que o capital é dividido em ações, com o controle da sociedade sendo realizado pelo sócio que possuir o maior número delas.

> Ao organizarmos a empresa, temos de pensar no futuro do negócio, pois podemos cometer erros ao definirmos uma estrutura que não suportará, por muito tempo, o desenvolvimento do empreendimento.

Quanto à organização geral, com base no que se pretende do empreendimento, nos estudos realizados e nas estratégias traçadas, podemos ter uma boa noção da estrutura geral que devemos criar para atender a todos os aspectos operacionais de nossa empresa. Ao organizarmos a empresa, temos de pensar no futuro do negócio, pois podemos cometer erros ao definirmos uma estrutura que não suportará, por muito tempo, o desenvolvimento do empreendimento.

A seguir, elencaremos alguns questionamentos que darão base às informações iniciais necessárias para a formação da empresa.

01 **Se a empresa está em processo formação, já foi definida qual será a estrutura legal?**
Precisamos escolher a estrutura legal que melhor se adapte à situação do empreendimento. Isso não depende somente do empreendedor, pois existe legislação específica. **O melhor é buscar informações com um contador para avaliar as alternativas existentes**. Ele

poderá lhe mostrar a melhor opção para o momento e a possibilidade de alterações futuras, com vistas nos custos que esse processo trará a empresa.

02 Foi definida a forma de organização ou a estrutura organizacional, como áreas, funções, hierarquia etc.?

Mesmo que a empresa se inicie pequena, é preciso que projetemos o crescimento e as necessidades da organização, pois é necessário que as funções estejam bem definidas para que não haja prejuízos durante o andamento das atividades.

Dessa forma, projete os próximos três/cinco anos de atividades e procure ajustar essas projeções à estrutura necessária para, com tranquilidade, dar conta de tudo que virá pela frente. Geralmente, os recursos financeiros são o que mais afetam a organização da empresa, pois normalmente são escassos quando do início do empreendimento. Mais adiante, quando traduzirmos as necessidades em números no plano financeiro, você poderá ajustar os recursos de acordo com a capacidade da empresa.

03 Foram elaboradas as estratégias e as políticas operacionais da empresa?

É importante que tracemos estratégias e políticas operacionais para minimizar os riscos inerentes às atividades da organização e darmos condições para que um plano de atuação seja desenvolvido.

Mais uma vez, fazer um planejamento é essencial, pois é preciso elaborar uma linha de ação a ser seguida, de modo que haja condições propícias de trabalho para você e para a sua equipe. O planejamento é o momento de traçar os objetivos e as metas de cada área da empresa e determinar de que modo as atividades serão realizadas, como serão utilizados os equipamentos e recursos e como está sendo cuidada a qualidade dos processos.

04 **Houve o desenvolvimento de mecanismos de controle para verificar se os objetivos e as metas estabelecidas foram atingidos?**

A criação de mecanismos de controle dos objetivos e das metas estabelecidos no planejamento permite mensurar a eficácia de todas as áreas da empresa e corrigir desvios que por ventura existam. De nada adianta planejarmos o modo de operacionalizar o negócio e de orientar as equipes se não há como avaliar a eficácia das medidas adotadas no planejamento.

5.2 Localização e espaço físico

Quando, ao tratarmos a respeito do estudo de mercado, comentamos que nem sempre a empresa precisará de um local de venda para seus produtos/serviços, dependendo das características do negócio, não queríamos dizer que a organização não teria a necessidade de um espaço físico para operacionalizar seu empreendimento, mas, sim, que o cliente, nesses casos, não precisaria se deslocar até um determinado local para adquirir o produto/serviço desejado. Já em outros modelos de negócio, não só o cliente leva em conta a localização e o espaço físico utilizado, como o empreendedor necessita dar uma maior atenção para esses fatores.

A seguir, elencaremos algumas questões que o empreendedor precisa se atentar para definir o local e o espaço físico do empreendimento.

01 **A localização da empresa já foi definida?**

Dependendo do tipo de negócio, a localização terá grande importância. Fatores como fácil acesso, proximidade com o público-alvo, espaço disponível para atendimento, qualidade do ambiente, entre outros, são quesitos fundamentais para o sucesso do empreendimento.

02 A infraestrutura do espaço físico é adequada ao seu tipo de negócio?

Um local agradável, com um bom espaço físico, áreas arejadas e estacionamento pode ajudá-lo a promover a empresa e os seus produtos/serviços. Como a maior parte dos clientes gosta de comodidade e benefícios, um local agradável para recebê-los pode influenciar muito no sucesso do negócio.

03 Foi definido o tamanho da área necessária para a empresa? Ela acolherá tanto o setor administrativo quanto o setor operacional?

O dimensionamento de forma errada no início poderá custar caro caso seja necessária uma possível mudança devido a uma expansão ou à necessidade de mais espaço. Entretanto, se o espaço for maior do que o necessário, trará custos, muitas vezes, desnecessários. Assim, projete e utilize bem os espaços disponíveis ao andamento das atividades. Além disso, procure colocar todos os setores da empresa em um mesmo ambiente, pois isso certamente proporcionará uma redução nos custos.

04 Foi feita a elaboração de um *layout* do espaço físico?

Layout físico é uma forma prévia de definir a disposição de determinados objetos em um ambiente. Pode ser por meio de rabiscos num papel, de criação de maquetes ou utilizando *softwares* específicos para esse fim.

Os *layouts* físicos nos ajudam a dar forma aos espaços e a aproveitar melhor as áreas de cada departamento da empresa. Um *layout* limpo e agradável, onde não tenhamos muitas coisas amontoadas ou fora do local apropriado, pode ser um diferencial em relação às outras empresas e uma forma de promoção e divulgação do seu negócio.

Capítulo 5

5.3 Infraestrutura

A infraestrutura diz respeito a todas as necessidades que temos na empresa para operacionalizar o empreendimento. Água, luz, telefonia, móveis, utensílios, equipamentos, além de serviços de segurança e manutenção, fazem parte da infraestrutura de uma organização.

A seguir, são elencadas algumas questões relevantes a serem consideradas na hora de planejar a infraestrutura da empresa.

01 Foram definidas as necessidades de móveis, utensílios, máquinas e equipamentos para a operacionalização do negócio?

Esses insumos, além de serem essenciais para que a empresa possa funcionar, são importantes para a eficiência e a qualidade do serviço oferecido. Quando da compra dos móveis, dos utensílios, das máquinas e dos equipamentos, precisamos nos preocupar com questões como ergonomia, facilidade de uso, segurança, entre outras, que muitas vezes influenciam a produtividade da empresa. Além disso, eles demandam um investimento considerável e afetam diretamente a necessidade de recursos para a implantação da empresa.

02 A infraestrutura básica do local (água, luz, esgoto etc.) já foi avaliada e definida?

Dependendo do tipo de operação da empresa, as necessidades podem não estar sendo supridas em sua totalidade. Fatores como a quantidade de energia que será utilizada, o fornecimento de água e a captação de esgotos podem não permitir ou atrasar a implantação da empresa no local escolhido, pois existem questões de legislação ambiental que determinam regras para essas utilizações.

03 **Questões de segurança, como portaria, vigilância, dispositivos de proteção, entre outras, já foram definidas?**

A segurança de sua empresa, de seus colaboradores e de seus clientes é fundamental para criar uma boa imagem do negócio. Além disso, a precaução pode evitar perdas financeiras que venham a prejudicar todo o empreendimento.

04 **Em relação à comunicação interna e externa, foram planejados itens como redes de computadores, sistemas de telefonia, entre outros, necessários à eficiência dos serviços?**

As informações deverão chegar de forma ágil e fácil a todos os colaboradores e, até mesmo, a clientes e fornecedores. Um bom sistema de informações faz com que a equipe de gestão possa tomar as decisões no momento certo, não permitindo com que haja desperdícios ocasionados por desvios de planos e de estratégias formuladas para o empreendimento.

5.4 Recursos humanos

> Pessoas certas nos lugares certos fazem com que a empresa crie diferenciais competitivos e permitem que os objetivos e metas sejam alcançados, trazendo os resultados esperados para o negócio.

As pessoas são o bem mais precioso de uma empresa. Se bem treinadas e motivadas, podem ser o divisor de águas entre o fracasso e o sucesso de um empreendimento.

Pessoas certas nos lugares certos fazem com que a empresa crie diferenciais competitivos e permitem que os objetivos e metas sejam alcançados, trazendo os resultados esperados para o negócio.

A seguir, serão vistas algumas questões relevantes a respeito do assunto.

Capítulo 5

01 Foi definida a mão de obra necessária a cada setor?

É muito importante que você possua uma noção das pessoas necessárias para dar andamento às atividades da empresa. Pessoas certas nos lugares certos podem ser a diferença na hora de satisfazer os clientes. Clientes insatisfeitos tendem a fazer uma propaganda negativa do negócio, o que afasta novos clientes. Você pode estruturar as necessidades de recursos humanos por meio de um manual de cargos e funções, que ajudará a selecionar pessoal com perfil e conhecimento compatíveis com os cargos da empresa.

02 Foram definidos quais cargos serão ocupados por essas pessoas e que salário irão receber?

Como visto na questão anterior, um manual de cargos e funções pode ajudar nessa definição. Ao desenvolvê-lo, atribuímos faixas de remuneração para cada função ou cargo exercido, criando, inclusive, uma política de desenvolvimento de pessoal e crescimento interno na empresa. Quando da contratação das pessoas, você já terá definido o custo dessa mão de obra e as medidas que poderão facilitar o processo de decisão.

03 Além dos salários, foram definidos os benefícios a serem concedidos aos funcionários?

Em geral, os candidatos às vagas de emprego esperam receber alguns benefícios, como vales-transportes, vales-refeição e alimentação, entre outros.

Dependendo da categoria a que pertençam esses candidatos, os benefícios podem ser uma definição sindical e uma obrigação legal que já façam parte de uma convenção coletiva de trabalho. É relevante que essas questões já sejam conhecidas e estejam definidas pela empresa, pois esses custos devem estar contemplados no momento do planejamento financeiro do negócio.

04 Como será realizada a seleção e o recrutamento de pessoal?
Existem várias formas de realizarmos essas atividades. Podemos realizá-las por meio do Departamento Pessoal da organização, caso exista, de empresas especializadas ou por indicação de pessoas de nosso relacionamento. É importante que saibamos escolher os funcionários que mais se adéquam a cada tipo de função, pois eles serão responsáveis por dar andamento às atividades operacionais da empresa.

05 Foi projetada a necessidade de treinamento do pessoal contratado?
Não basta somente selecionarmos as pessoas adequadas a cada tipo de função. Precisamos definir uma política de treinamento para manter os funcionários sempre aptos a realizar as atividades para as quais foram designados.

Formar equipes não é uma tarefa fácil, pois o trabalho em equipe requer disciplina, dedicação e, principalmente, motivação. Sem uma preparação adequada, as empresas não conseguem oferecer um atendimento eficaz aos seus clientes, o que pode acarretar problemas futuros.

06 Há um departamento específico de recursos humanos na empresa ou essa tarefa será realizada por uma empresa terceirizada?
Independentemente de termos um departamento de pessoal na empresa ou usarmos serviços terceirizados, o importante é que tenhamos as informações e o controle desse recurso. A folha de pagamento, o controle de férias e o pagamento dos encargos sociais são alguns dos pontos a serem administrados, pois criam um passivo para a empresa – ou seja, uma dívida futura –, e podem gerar custos desnecessários.

07 As condições de trabalho seguem as normas estabelecidas pela legislação trabalhista?

Seguir as normas é o ideal para que não tenhamos problemas no futuro. Estude a legislação para os cargos que você terá na empresa e para os tipos de atividades que serão exercidas. Há várias limitações impostas pela legislação. O não cumprimento das normas estabelecidas pode ocasionar problemas legais para a empresa, inclusive ações trabalhistas.

08 Os funcionários da empresa seguirão horários rígidos controlados por relógio de ponto?

Essa é uma forma de manter a ordem dentro da empresa. Regras de atuação bem definidas evitam desgastes desnecessários. Os funcionários devem estar cientes de suas obrigações e de que há um controle sobre elas.

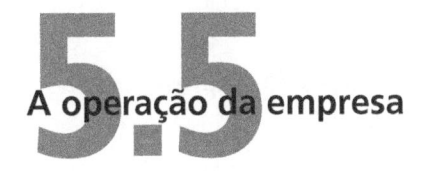

5.5 A operação da empresa

Para podermos falar em rotinas operacionais de uma empresa, temos primeiramente de conhecer os ciclos operacionais das três principais categorias empresariais: indústria, comércio e prestação de serviços.

Na **indústria** e na **prestação de serviços**, o ciclo operacional se inicia quando da entrega de matérias-primas e insumos para a empresa, para que ela possa produzir, estocar, vender e entregar o produto/serviço. Já no **comércio**, como não existe o processo de produção, pois as empresas comerciais vendem produtos acabados para os clientes, o ciclo é abreviado e se inicia quando da entrega dos produtos na empresa, passando pela estocagem, venda e entrega do produto ao cliente.

Para podermos traçar estratégias operacionais, precisamos conhecer bem esses ciclos no que se refere às necessidades e ao tempo gasto em cada uma de suas etapas, pois influenciarão no prazo em que teremos os produtos disponíveis aos clientes, tornando-se um diferencial importante em relação à concorrência.

5.5.1 Gestão de operações

A gestão de operações é o processo de planejar todas as atividades operacionais da empresa, de modo que o processo se desenrole com eficiência e eficácia, sempre com o intuito de melhor atender aos nossos clientes.

O início desse planejamento deve levar em consideração os ciclos operacionais da empresa e, a partir destes, é preciso detalhar cada uma de suas etapas para que elas sejam estudadas e entendidas, permitindo uma facilidade de operacionalização dos processos.

Algumas questões relevantes são descritas a seguir.

01 Foi planejada a forma de operação da empresa, com a definição dos fluxos operacionais?

Esse planejamento é de vital importância para a definição de como as coisas irão acontecer dentro da empresa, fazendo com que tenhamos todo o processo definido e planejado para o bom andamento das atividades.

Fluxogramas operacionais irão ajudá-lo na definição de todo o processo, permitindo, inclusive, que você ache eventuais falhas e possa corrigi-las, sem que isso afete o desenvolvimento normal das atividades, não havendo interrupções e atrasos.

02 Foram definidos os controles de toda a parte operacional?

Sem controles ou pontos de checagem não conseguimos avaliar como está o andamento das atividades, o que pode prejudicar a correção de eventuais falhas.

O controle pressupõe o acompanhamento de todas as atividades e a criação de ferramentas para verificação, na qual os números, as quantidades, os valores, entre outros, servem como base para avaliar se as atividades estão dentro do que foi planejado.

03 Quem será o(a) responsável pela área operacional da empresa? Ele(a) tem os conhecimentos necessários para controlar as operações?

As atividades operacionais da empresa são o carro chefe da geração de resultados. Junto com a área de vendas, essas atividades proporcionam a disponibilização dos produtos/serviços para o cliente, gerando a receita da empresa.

Procure colocar nessa função alguém que tenha conhecimento da área de atuação da empresa. Essa pessoa, além de fazer com que os processos funcionem, ajudará nos controles e nas checagens do andamento das atividades.

04 Os estoques foram dimensionados e ajustados para a previsão de comercialização do produto/serviço?

Quando iniciamos a operação de uma empresa, os níveis de estoques são importantes, pois a falta deles pode ocasionar a paralisação das operações da empresa e, por consequência, o não atendimento aos clientes; já a sobra de produtos gera custos de armazenagem e manutenção dos estoques.

Um sistema muito utilizado para administrar os estoques é o *just in time* (JIT[1]). Ele consiste em obter os estoques no momento em que estes são necessários, de forma a reduzir os custos com armazenagem, seguro, entre outros, que farão com que a empresa se ajuste de acordo com a demanda. Entretanto, muitas vezes não é possível utilizar esse sistema, devido a questões como tempo de entrega, valor de fretes e exigências do mercado.

---

1   "Na hora certa" ou "no tempo certo", em português.

05 **Foi feito o levantamento do tempo de entrega da matéria-prima ou dos produtos acabados pelos fornecedores?**

Precisamos contar com a agilidade de entrega dos fornecedores para podermos trabalhar com a otimização dos estoques dentro de nossa empresa. Dependendo do tempo de entrega, é possível trabalhar com os próprios estoques do fornecedor ou manter níveis de estoques internos baixos, propiciando uma menor área de estocagem e um número menor de pessoas para cuidar desse estoque, reduzindo, assim, os custos gerados para a empresa.

06 **Foi feito o dimensionamento, com base nos estoques necessários, do local para armazenagem das matérias-primas ou dos produtos acabados?**

Quando fizermos a avaliação da área física necessária para a empresa, devemos ter dimensionado o local de armazenagem, levando em conta o tipo de material e a segurança para o armazenamento deste. É importante que você planeje bem os espaços para a armazenagem das matérias-primas e dos produtos acabados. É comum, por exemplo, entrarmos numa loja e vermos caixas no meio dos corredores, atrapalhando os clientes e os vendedores. Esse cenário passa a impressão de um local desorganizado, que pode criar uma imagem negativa para a empresa.

07 **Foi estruturado o fluxo do processo de produção, desde a chegada dos materiais, passando pelos deslocamentos dentro da empresa, processos de armazenagem, até as saídas dos produtos/serviços para a venda?**

O momento de definir e planejar os processos acontece antes das estruturas físicas estarem montadas, já que uma alteração nos processos de produção pode acarretar uma mudança de *layout*, o que levará a um aumento de custo para a empresa. Dê atenção a esse fluxo, pois dele dependerá toda a operacionalização de sua empresa.

Se bem elaborado, ficará fácil de ser executado e controlado. Caso contrário, teremos que intervir a cada momento para poder corrigir falhas que não foram identificadas e planejadas anteriormente.

08 Foram formalizados todos os processos de produção da empresa – listas de materiais necessários, etapas do processo, pessoas envolvidas, tempo necessário para cada etapa, controle de qualidade, entre outros?

Os manuais são fontes de referência para todas as pessoas envolvidas no processo de produção da empresa. Além disso, eles mostram a capacidade de planejamento do empreendedor.

Crie manuais de procedimentos de todas as etapas do processo. Isso ajuda a manter o controle sobre o que foi planejado para a empresa.

09 Você, como empreendedor, tem conhecimento técnico de todo o processo de produção da empresa?

Foi mencionado anteriormente que o empreendedor precisa estar comprometido com o negócio e conhecer o empreendimento que pretende desenvolver. O papel do

> O papel do empreendedor vai além da gestão do negócio: ele também deve saber detalhadamente como todo o processo de produção funciona.

empreendedor vai além da gestão do negócio: ele também deve saber detalhadamente como todo o processo de produção funciona.

5.2 Vendas

Dependendo do tipo de produto/serviço que você irá comercializar, a equipe que fará a venda é de vital importância para o negócio.

Alguns produtos não têm a necessidade de um acompanhamento de venda, pois o cliente já sabe o que quer comprar e não necessita de explicações a respeito do produto. Pense, por exemplo, num supermercado. Os artigos estão dispostos em prateleiras, onde o cliente simplesmente os coloca no carrinho e, após ter escolhido o que precisa, passa no caixa, não requerendo nenhum esforço de vendas.

Agora, compare essa situação com a venda de produtos eletrônicos. Seria possível vendê-los sem o intermédio de alguém na hora da compra? Como o cliente esclarecerá as dúvidas a respeito do produto?

Assim, é possível perceber que vendedores treinados e que conheçam bem o produto, podem ser a diferença entre vender ou não um determinado produto/serviço.

A seguir, você verá algumas questões pertinentes a respeito do processo de vendas de um produto/serviço.

01 Foi definida a equipe de vendas? Quantos vendedores serão necessários? Quais os requisitos para a contratação?

Como a equipe responsável pelas vendas terá maior contato com os clientes, é importante que ela seja composta por pessoal qualificado e experiente, que conheça bem as características dos produtos/serviços oferecidos, de modo que possa orientar e incentivar o cliente a realizar a compra.

02 Existe treinamento formatado para a equipe de vendas?

O conhecimento dos produtos e serviços que a empresa estará comercializando é essencial para a equipe de vendas. Por isso, é necessário que essa equipe seja treinada e conheça o produto/serviço vendido, de forma a mostrar os diferenciais em relação aos demais produtos, facilitando a decisão de compra dos clientes.

03 Foram definidas as condições de venda?

Precisamos dar subsídios a nossa equipe de vendas, como a definição de crédito, prazos e descontos para pagamento à vista, bem como a definição das comissões, bonificações e outros benefícios da venda. Tudo isso faz parte do treinamento que foi mencionado na questão anterior e também das políticas adotadas pela empresa.

As questões de comissão, bonificação e outros benefícios são importantes para deixar a equipe motivada, pois dessa motivação dependerá um bom atendimento aos clientes, o que, certamente, influenciará na decisão de compra destes.

04 Foi definido o modo de entrega dos produtos/serviços aos clientes?

O prazo de entrega do produto/serviço é muito importante para a criação de diferenciais em relação à concorrência e para a satisfação cliente. Assim, defina e cumpra os prazos de entrega estipulados. **Não há nada pior do que se disponibilizar a receber um produto/serviço e isso não acontecer no prazo estipulado no momento da venda.** Certamente, o cliente ficará insatisfeito e poderá não comprar seu produto/serviço novamente.

05 Foi definida a forma de financiamento para os clientes?

Quando financiamos a nossa venda, temos opções de financiamento próprio, a utilização de empresas financiadoras, os cartões de crédito, entre outras. Precisamos definir qual será a forma utilizada para a concessão do crédito, pois cada uma delas trará custos e benefícios diferentes. Se optarmos por financiamento próprio, o alongamento do prazo de recebimento afetará, diretamente, o fluxo de caixa. Se optarmos por financeiras ou cartões de crédito, teremos um recebimento mais rápido, porém agregaremos mais custos à operação, pois tanto as financeiras quanto as operadoras de cartões cobram taxas pelos serviços prestados.

Procure buscar a melhor alternativa para a empresa de acordo com os recursos disponíveis e com os custos que a empresa poderá assumir.

06 Como serão tratadas as devoluções ou as desistências de compras?

Existem prazos legais para que um produto/serviço possa ser devolvido ou para que haja uma desistência da compra por parte dos clientes.

Um departamento específico que trate de devoluções ou desistências, com funcionários bem treinados, pode facilitar a orientação e o atendimento dos clientes quando algum problema dessa ordem precisar ser resolvido junto à empresa. Esse departamento pode concentrar todos os processos de pós-venda.

07 Foi definido como será o serviço de pós-venda?

Os clientes gostam de ter a atenção das pessoas que trabalham nas empresas, não só no momento que adquirem um produto/serviço, mas, também, após essa aquisição, para serem orientados e terem suas dúvidas sanadas. Mais uma vez, um serviço de pós-venda eficiente pode criar diferenciais em relação aos concorrentes, pois muitos deles não se preocupam com esse serviço.

08 Como será o relacionamento da empresa com os clientes?

Durante o processo de venda, o cliente está sujeito a ter contato com diversas pessoas de diferentes áreas da empresa: telefonistas e recepcionistas, passando pelos vendedores e analistas de crédito, até chegar aos responsáveis pela cobrança.

Faça com que esse relacionamento traga satisfação para o seu cliente. O bom relacionamento entre os clientes e os funcionários da empresa é um dos fatores que podem definir a fidelização da clientela.

5.6 A administração geral

Neste item, abordaremos alguns aspectos referentes às equipes de gestão e de supervisão das atividades da empresa, além das ferramentas necessárias para que a equipe de gestão possa dar andamento às atividades.

5.6.1 Os administradores

Pessoas certas nos lugares certos fazem a diferença, principalmente se estiverem sempre municiadas de informações a respeito do setor pelo qual são responsáveis, de modo que possam exercer as funções de planejamento, execução e controle de suas atividades.

01 Quem irá administrar cada área da empresa?

Defina os cargos de supervisão e de gestão de cada uma das áreas e o relacionamento entre elas, pois mesmo sendo de áreas distintas, todos precisam estar integrados para cumprirem com os objetivos da empresa. Em muitas organizações, podemos perceber que gestores e supervisores estão focados em questões relacionadas aos seus departamentos, mas não se preocupam com as que envolvem outros setores, o que pode causar prejuízos para a empresa.

As áreas de gestão e de supervisão também necessitam de treinamento. Este deve ser constante e estar voltado às estratégias empresariais desenvolvidas pela organização.

02 Foi definido um manual de cargos e funções para os administradores da empresa?

É importante, no primeiro momento em que alguém entra na empresa, saber o tipo de atividade a ser desempenhada e o que se espera dessa pessoa quando do exercício de suas funções. Também para os cargos de gestão e de supervisão, um manual de cargos e funções é útil, pois atribui responsabilidade para cada tipo de atividade e impede que várias pessoas exerçam atividades conflitantes ou em duplicidade.

03 Como será avaliado o desempenho dos funcionários responsáveis pela supervisão de cada setor?

A avaliação de desempenho não deve ser realizada somente para as pessoas da área operacional da empresa. Os ocupantes dos cargos, responsáveis por funções de gestão, também precisam ser avaliados. O ideal é que se tenha uma estrutura formal de avaliação de desempenho (formulários específicos e determinação de períodos de tempo para que esses ocorram) para todas as pessoas da organização, pois essa avaliação possibilita o acompanhamento do desempenho de cada uma delas e dá um *feedback* (retorno) do andamento das atividades.

04 Como será o *feedback* para os gestores das várias áreas da empresa?

O *feedback* do desempenho de nossas atividades permite sabermos se as expectativas da empresa em relação ao nosso trabalho estão sendo atendidas, além de possibilitar a correção de condutas que possam não ser do agrado dos proprietários da empresa ou dos clientes.

05 Quais serão os fatores motivacionais para a equipe de gestão?

Para trabalhos bem realizados, metas cumpridas e objetivos alcançados, é conveniente que se tenha alguma forma de reconhecimento, o que permite manter a equipe motivada. O reconhecimento pode ser por meio de benefícios monetários ou, ainda, e com muito mais validade, o do reconhecimento do bom trabalho prestado com premiações não monetárias, como troféus, diplomas, eleição do funcionário do mês, do funcionário padrão, da melhor ideia, entre outros.

5.6.2 O sistema de informações

Tomar decisões requer informações precisas e no momento certo. Com o avanço da tecnologia, o uso de sistemas informatizados ajudam a melhorar o desempenho das organizações. Contudo, caso você, no início do empreendimento, não tenha condições de contratar um sistema informatizado para gerenciar a empresa, procure colocar as informações mais importantes em planilhas, pois elas darão subsídios para o andamento das atividades e servirão como base documental para o momento em que for possível desenvolver ou comprar um sistema que se adapte às suas necessidades.

A seguir, são elencadas algumas perguntas que poderão ajudá-lo a estabelecer a importância de um sistema de informação em sua empresa.

01 Foi estruturado um sistema de informação na empresa?

Os sistemas de informação devem, primeiramente, estabelecer as formas de comunicação internas da empresa: como será a comunicação entre as equipes, como será divulgado o que se passa em todas as áreas da empresa, como cada gestor receberá as informações para controlar o andamento das atividades e verificar se as estratégias estão sendo cumpridas.

Num se undo momento, os sistemas de informação passam a ser importantes na comunicação externa da empresa: contato com fornecedores (pedidos de compra, cotações de preço etc.), com parceiros de negócio (andamento das atividades, geração de recursos, investimentos etc.) e, principalmente, para o relacionamento com clientes (informações cadastrais para mala direta, *e-mails marketing*, informações, em geral, da empresa e dos produtos).

02 Foram definidas quais informações serão necessárias, quando elas serão disponibilizadas e como serão apresentadas?

Em levantamentos realizados nas organizações por institutos de pesquisa a respeito de gestão empresarial, uma parcela substancial de tempo e de recursos financeiros é investida em buscar informações.

> **Importante**
> Não desperdice recursos por falta de planejamento do que é necessário em termos de informação para subsidiar a tomada de decisão de sua empresa. Dados em duplicidade e relatórios que não possuem todas as informações necessárias são só alguns exemplos daquilo que pode e deve ser evitado.

Para determinar quais informações serão necessárias, em que tempo deverão ser disponibilizadas e para quem e quando serão apresentadas, devemos montar um fluxo dessas informações. Isso permite fazermos um planejamento antecipado de tudo que será necessário para subsidiar a tomada de decisões de sua empresa.

03 Foi definido o sistema informatizado que será usado pela empresa?

Caso seja a opção por iniciar a empresa contratando um sistema informatizado, procure por um sistema que possa atender as suas necessidades imediatas dentro do que for estritamente necessário e que o investimento a ser realizado não prejudique o caixa da empresa. Existem muitos sistemas disponíveis no mercado, que variam em suas características e preços; escolha o que melhor se adéque à sua empresa.

04 **Foi definida a infraestrutura para a implantação de um sistema informatizado?**
Redes, servidores, internet e intranet são requisitos essenciais para a implantação de um sistema informatizado. Faça um estudo de suas reais necessidades.

Síntese

O planejamento e a definição das estratégias empresariais, que foram delineados logo após o estudo de mercado, tiveram um enfoque relacionado às variáveis qualitativas do negócio, enquanto que os planos operacionais, que são uma forma de viabilizar e concretizar essas estratégias, deverão levar em conta as variáveis quantitativas do negócio.

Para dar início a esse plano operacional, começamos a tratar da constituição da empresa e tudo o que ela envolve – forma de constituição legal, organização, localização e espaço físico necessários, infraestrutura que permita realizar as atividades, pessoas que estarão envolvidas em todas as áreas da empresa, tanto em cargos operacionais quanto de gestão, fluxos e processos operacionais e gestão dessas operações são alguns pontos que deverão ser planejados dentro dos processos operacionais definidos pela empresa.

Toda a empresa deve estruturar-se para o atendimento e a satisfação dos clientes. Isso só é possível se a empresa for inovadora, ágil e flexível, o que deve ser pensado quando de sua constituição e quando estiverem sendo definidos os seus processos operacionais.

Questões para revisão

1. Quais fatores devem ser levados em consideração quando definimos a localização da empresa?
2. Qual a importância da infraestrutura do local escolhido para o negócio?
3. Como podemos escolher os funcionários mais adequados para ocupar os cargos e as funções dentro da empresa?

4. Qual a importância de traçarmos planos operacionais quando da formação da empresa?

Questões para reflexão

1. Como devemos escolher a forma de constituição legal de nossa empresa?
2. Para uma empresa que pretende fazer venda direta (catálogo, internet etc.), como deverá ser escolhido o local onde a empresa será instalada?
3. Quais fatores devem ser analisados quando escolhemos os recursos humanos que irão ocupar cargos e exercer funções dentro de nossa empresa?
4. Como é possível confeccionar um manual de cargos e funções?
5. Quais os principais pontos a serem analisados quando do planejamento do sistema de informações de uma empresa?

Para saber mais

Para você aprofundar os conteúdos do Capítulo 5 e buscar mais informações a respeito da constituição de uma empresa, sugerimos a seguinte bibliografia:

BERNARDI, L. A. **Manual de empreendedorismo e gestão**. São Paulo: Atlas, 2003.

BULGACOV, S. **Manual de gestão empresarial**. São Paulo: Atlas, 2006.

CASTOR, B. V. J. **Estratégias para pequena e média empresa**. São Paulo: Atlas, 2009.

CERTO, S. C.; PETER, J. P. **Administração estratégica**. São Paulo: Makron Books, 1999.

LENZI, F. C. **Nova geração de empreendedores:** guia para elaboração de um plano de negócios. São Paulo: Atlas, 2009.

LONGENECKER, J.; MOORE, C. W.; PETTY, J. W. **Administração de pequenas empresas.** São Paulo: Makron Books, 1997.

OLIVEIRA, D. P. R. de. **Administração estratégic**a. 6. ed. São Paulo: Atlas, 2009.

_____. **Planejamento estratégico: conceitos, metodologia e práticas**. 18. ed. São Paulo: Atlas, 2002.

capítulo

O planejamento financeiro

06

Conteúdos do capítulo:

- O planejamento financeiro;
- O investimento inicial do empreendimento;
- As despesas do dia a dia;
- As principais decisões financeiras;
- As questões fiscais, tributárias e contábeis;
- A viabilidade do negócio.

Após o estudo deste capítulo, você será capaz de:

- traçar o planejamento financeiro de seu empreendimento;
- determinar os investimentos iniciais necessários;
- conhecer as despesas do dia a dia de uma empresa;
- avaliar as principais decisões financeiras de um empreendimento;
- determinar a viabilidade de um empreendimento.

Os questionamentos sobre a parte financeira do negócio foram deixados para o final, pois são considerados os mais difíceis de serem respondidos. Entretanto, por meio das questões apresentadas nos dois capítulos anteriores, podemos perceber que tudo a ser realizado na empresa depende de recursos e, principalmente, de recursos financeiros.

A dependência dos dados financeiros é evidente quando queremos estruturar um empreendimento. Contudo, ao montarmos um plano de negócios, não devemos inverter a ordem de sua elaboração nem traçarmos as estratégias e os planos em função dos recursos financeiros, mas, sim, o contrário: com base nas estratégias, nos planos, nos objetivos e nas metas estruturarmos as projeções financeiras, pois só assim poderemos verificar a viabilidade financeira do negócio.

Se a ordem for invertida, poderemos **perder a grande oportunidade de realizarmos um bom negócio** somente pelo fato de acharmos que os recursos disponíveis não serão suficientes para realizar o empreendimento.

A seguir, elencaremos questionamentos e situações que devem ser considerados na confecção da parte financeira do plano de negócios.

6.1 As necessidades financeiras iniciais

Quando iniciamos um negócio, precisamos de recursos financeiros para adquirirmos equipamentos, insumos e materiais para começar as atividades. Geralmente, esses gastos tornam-se bastante elevados, dependendo do tipo de empreendimento.

> Quanto mais detalhada for a relação de necessidades, mais preciso será o cálculo dos recursos de que você precisará dispor, de antemão, para iniciar seu empreendimento.

É interessante relacionar os recursos necessários – visto nas questões dos capítulos anteriores – para a empresa entrar em funcionamento. Quanto mais detalhada for a relação de necessidades, mais preciso será o cálculo dos recursos de que você precisará dispor, de antemão, para iniciar seu empreendimento.

A seguir, veremos algumas perguntas que poderão ajudá-lo a avaliar a quantidade de recursos iniciais necessária para estabelecer a sua empresa.

01 Qual será o investimento necessário para iniciar o empreendimento?

A quantidade de recursos necessária para o início do empreendimento dependerá das projeções feitas sobre o negócio. Entretanto, como podemos fazer esse cálculo?

Devemos colocar no papel as expectativas de gastos com a parte de formatação da empresa, ou seja, com o necessário para que ela entre em funcionamento. Se você criar uma relação completa das necessidades, a quantificação ficará mais simples, pois só precisará consultar os fornecedores a respeito do preço de cada um dos itens relacionados.

02 Quanto de capital de giro é necessário para suportarmos os primeiros meses de atuação da empresa no mercado?

Quando iniciamos um negócio, normalmente não conseguimos nos primeiros meses faturar o suficiente para cobrir todos os custos. Assim, são necessários recursos suficientes para suportar a continuidade das operações até que estas se tornem sustentáveis e gerem os recursos para a sua manutenção. A esses recursos damos o nome de *capital de giro*.

03 Quais mecanismos facilitam o cálculo do capital de giro?

Ferramentas financeiras, principalmente os fluxos de caixa (que contêm informações financeiras de receitas e de despesas que já foram realizadas pela empresa) ou *orçamentos de caixa* (que contêm informações das receitas e das despesas projetadas pela empresa), permitem calcular o capital de giro necessário para os primeiros meses de operação.

Essa ferramenta permite que você liste todas as receitas e as despesas para determinados períodos de tempo (por exemplo, um mês). No final, pela subtração entre as despesas e a receita projetada ou conseguida, obtemos um saldo. Se ele for negativo, isso demonstrará a necessidade de recurso para o período considerado. A soma dos saldos negativos de todos os períodos determina o quanto de recurso financeiro é necessário até que haja equilíbrio e o saldo comece a ser positivo.

O fluxo de caixa ou orçamento de caixa é simples de ser usado, sendo que você pode montar os dados facilmente numa planilha de cálculo.

6.2 As necessidades financeiras do dia a dia

Após esse período inicial em que os investimentos são realizados para começar as atividades, será necessário fazermos gastos para manter a atividade em funcionamento. Os custos de produção ou custos diretos, os custos indiretos, as despesas operacionais, variáveis e fixas, enfim, uma série de compromissos que você terá mês a mês para manter um determinado nível de atividades são exemplos desses gastos.

É importante que você controle bem esses gastos e saiba que um aumento no nível de atividade acarretará despesas maiores para sua manutenção. **Tenha muito cuidado com as contas da empresa**.

A seguir, você terá algumas perguntas que poderão ajudá-lo a avaliar as necessidades da empresa.

01 Quais serão os custos finais de seus produtos/serviços?

Os custos finais dos produtos/serviços influenciarão em todas as projeções financeiras do empreendimento. A montagem de uma demonstração de resultados do exercício (DRE) permite separar esses custos, obter as margens brutas e operacionais do negócio e ter conhecimento da demanda de recursos para as operações.

Passado o momento em que a empresa precisa dar conta da falta de receitas das vendas iniciais, a necessidade de capital de giro passará a ser influenciada por outros fatores, como as sazonalidades, os aumentos de nível das atividades, os gastos imprevistos, entre outros.

02 Houve a comparação entre os custos da empresa e os de empresas de terceiros para realizar as mesmas atividades?

Às vezes, partes do processo de produção ou de operação podem ser terceirizadas, desde que os custos dos terceiros sejam menores que os do nosso empreendimento, possibilitando margens maiores para os produtos/serviços comercializados.

É interessante considerar a possibilidade de terceirização de parte dos processos, pois ela pode trazer não só benefícios financeiros, mas também tecnológicos e de qualidade, visto que podemos ter especialistas em questões que, para a empresa, não são interessantes de serem desenvolvidas.

03 Você sabe estruturar as demonstrações financeiras de sua empresa?

Balanços, demonstração do resultado do exercício (DRE), demonstração das origens e aplicações de recursos (Doar), demonstração de lucros ou prejuízos acumulados (DLPA) e, principalmente, o fluxo de caixa devem ser conhecidos em sua forma e estrutura, permitindo que as projeções financeiras sejam realizadas e possibilitem informações para a tomada de decisões. Essas projeções podem ser feitas por uma empresa de contabilidade, mas é necessário que conheçamos os dados e as informações contidas nas demonstrações financeiras.

04 Foram inseridas no fluxo de caixa as previsões das receitas e das despesas, mês a mês, para o primeiro ano de existência do negócio?

A estruturação de fluxos de caixa projetados dá uma ideia de todas as receitas e as despesas que a empresa terá no decorrer do tempo, permitindo detectar as necessidades de recurso para levar adiante a atividade. Além disso, é com base nas informações dos fluxos de caixa que são calculados os dados, como taxa interna de retorno (TIR), valor presente líquido (VPL) e geração de caixa.

Não esqueça que o período em que serão considerados os valores das receitas e das despesas depende da finalidade à qual se destina o orçamento de caixa, podendo, e devendo, ser até diário, quando dependemos da boa gestão do caixa e não há muitos recursos sobrando.

05 Caso haja a necessidade de financiamento ou empréstimo, esses valores foram contemplados no fluxo de caixa?

Como foi dito anteriormente, é importante que haja um detalhamento dos valores de cada receita ou despesa no fluxo de caixa. Pagamentos de empréstimos, financiamentos e até mesmo recursos que foram utilizados de terceiros devem fazer parte das despesas da empresa quando da elaboração dos fluxos de caixa. Isso torna mais precisa e segura a informação obtida, além de ajudar muito na realização da gestão do caixa.

6.3 As decisões que envolvem as finanças

Uma decisão que a princípio pode parecer não ter nenhuma influência na parte financeira do negócio pode gerar consequências que implicarão maior ou menor utilização de recursos.

Tenha muita atenção nas decisões quando do planejamento de seu empreendimento, pois a maioria delas, quando se fala em negócios, afetará as questões financeiras da empresa.

A seguir, veremos algumas questões que influenciam a parte financeira da empresa.

01 Como será feita a concessão de crédito para seus clientes?

A concessão de crédito aos clientes de uma empresa pressupõe um parcelamento na venda de um produto/serviço. Esse parcelamento trará impactos no fluxo de caixa da empresa, pois **quanto maior for o número de parcelas do financiamento de sua venda, maior será o prazo de recebimento do valor total do produto/serviço vendido.**

O crédito concedido é um diferencial competitivo em relação à concorrência, mas sua concessão precisa primar por critérios bem elaborados de aprovação, como a avaliação da capacidade de pagamento por parte dos clientes, para que não venha a ocorrer a impossibilidade de pagamento e o alongamento do prazo de recebimento da empresa.

Limites de crédito preestabelecidos podem dar uma noção dos volumes a serem financiados e dos riscos assumidos em caso de não pagamento. Fatores como análise cadastral, informações de empresas especializadas em crédito e informações de outras empresas comerciais que atuam no mercado podem ajudar a traçar uma política de concessão de crédito, de modo que minimize os riscos de não recebimento.

02 Como serão as formas de pagamento das vendas a crédito?

Existem várias formas de pagamento por vendas a crédito: carnês, faturas, boletos bancários, vendas com cartões de crédito, entre outras. Cada uma possui vantagens e desvantagens. Uma venda com cartão de crédito, por exemplo, exime a empresa de manter áreas específicas para análise de crédito e, também, departamentos de cobrança, pois a responsabilidade passa a ser, integralmente, da administradora de cartões; entretanto, as administradoras cobram tarifas para a administração e o controle desses créditos. Por isso, precisamos avaliar o que é mais vantajoso para a empresa, pois, em qualquer das formas escolhidas, teremos custos que deverão ser colocados em nosso planejamento, de modo que não afetem inesperadamente as finanças da empresa.

03 Como será a cobrança e o controle das vendas a crédito?

A cobrança é muito importante para que os recebimentos dos clientes deem entrada na empresa no momento em que são esperados. Caso isso não ocorra, é preciso que tenhamos ferramentas que possibilitem minimizar os impactos financeiros no caixa da empresa.

04 Como serão os controles de tesouraria da empresa?

A tesouraria é uma área de extrema importância para a organização, pois nela são feitos os controles das contas a pagar e a receber da empresa e os ajustes dos fluxos de caixa, além da verificação das necessidades de recursos, devido ao que chamamos de *descasamento dos fluxos de caixa* – diferenciação das datas em que ocorrem os recebimentos dos clientes e os pagamentos aos fornecedores da empresa.

Cuide bem de sua tesouraria, pois nela transitarão a maior parte dos recursos financeiros oriundos das operações de sua empresa.

05 Quem será o responsável pela aplicação no mercado das sobras de caixa?

Sobras de caixa precisam ser identificadas e os recursos que sobraram devem ser aplicados para gerar rentabilidade. O ideal é que esses recursos sejam aplicados na própria operação da empresa, ou seja, na atividade fim a que a empresa se propõe, pois essa atividade deve gerar melhores resultados do que qualquer aplicação no mercado financeiro. Mas se isso não for possível, por determinados períodos de tempo o dinheiro precisará ser aplicado em operações de mercado que tenham liquidez e garantia de recuperação, pois em algum momento esses recursos terão de ser novamente utilizados dentro da atividade da empresa.

6.4 As questões fiscais, tributárias e contábeis

Uma boa gestão fiscal e tributária pode reduzir os custos com pagamentos de impostos, taxas e contribuições, permitindo que os recursos economizados possam ser investidos dentro da atividade da empresa, gerando melhores resultados.

> É importante pensar que qualquer redução de custos poderá dar margem a uma redução de nossos preços de venda dos produtos/serviços, criando possibilidades de diferenciação em relação aos concorrentes.

Cada vez mais as empresas se preocupam com essas questões, pois tudo o que se pode economizar fará com que menos recursos sejam necessários e os custos, por consequência, sejam reduzidos. É importante pensar que qualquer redução de custos poderá dar margem a uma redução de nossos preços de venda dos produtos/serviços, criando possibilidades de diferenciação em relação aos concorrentes.

Bons escritórios de contabilidade podem também orientar as questões fiscais e tributárias da empresa.

A serguir, apresentamos algumas perguntas que poderão lhe ajudar a pensar nas questões fiscais, tributárias e contábeis da sua empresa.

01 A contabilidade da empresa será feita internamente ou por empresas terceirizadas?

Geralmente, quando começamos um negócio, optamos por terceirizar a contabilidade da empresa com o objetivo de diminuir os gastos iniciais. Faça um estudo para definir qual das opções é mais vantajosa para o seu empreendimento.

02 Caso o serviço seja terceirizado, qual será o escritório ou a pessoa encarregada de fazer a contabilidade da empresa?

Se você estiver iniciando a sua empresa, com certeza precisará de serviços contábeis para a criação do seu negócio, definição do contrato social, escolha da forma de constituição legal e, quando a empresa estiver operando, para a confecção dos demonstrativos financeiros – balanços patrimoniais, DRE, Doar, DLPA, entre outros.

Existem bons escritórios contábeis atuando no mercado. Busque informações sobre esses escritórios e escolha o que melhor atende às suas necessidades.

03 Quais as alternativas fiscais para o seu tipo de negócio?

Você terá de obter informações a respeito da melhor forma de constituição para a sua empresa e a que tipo de tributação estará sujeito. Como foi dito anteriormente, existem escritórios de contabilidade que poderão ajudar muito nessas questões. Todavia, você, como empreendedor, deve conhecer todas as alternativas possíveis para a sua empresa.

04 **Quais serão os impactos dos impostos, das taxas e das contribuições sobre o seu tipo de negócio?**

Um bom planejamento inicial poderá fazer com que você garanta uma economia com o pagamento de impostos, taxas e contribuições, de forma a reduzir suas despesas e melhorar seus custos finais.

05 **Há a necessidade de serviços jurídicos para a empresa?**

Como a contabilidade, os serviços jurídicos podem ser terceirizados, não havendo necessidade, principalmente no início, de se ter um departamento jurídico dentro da organização.

Com o crescimento da empresa, você perceberá a necessidade de uma assessoria jurídica, pois existirão várias situações em que orientações de advogados serão necessárias.

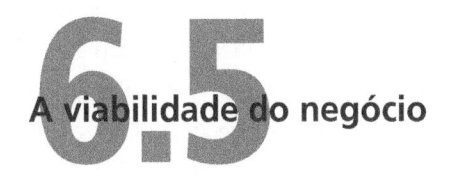

6.5 A viabilidade do negócio

Existem dois tipos de viabilidade para um empreendimento: a viabilidade mercadológica e a viabilidade financeira.

- Viabilidade mercadológica – É definida por meio do estudo de mercado, além de ser avaliada a aceitação de seu produto/serviço pelos clientes, com base no atendimento de suas necessidades, e possuir o mínimo possível de barreiras de entrada no mercado por parte de seus concorrentes.
- Viabilidade financeira – Está diretamente relacionada aos resultados financeiros, ou seja, se seu empreendimento irá gerar retornos financeiros satisfatórios com base na realização do estudo de mercado.

A determinação dessas viabilidades é o principal motivo de elaborarmos um plano de negócios, sendo que somente com estudos detalhados e com um grau de confiabilidade razoável é que podemos chegar à conclusão se um negócio é viável ou não.

Para atribuir a viabilidade de um empreendimento, é preciso responder a todas as questões que foram levantadas nos capítulos anteriores, o que fará com que você tenha um bom conhecimento do negócio que está querendo implementar, diminuindo os riscos a que o empreendimento estará sujeito.

6.5.1 A viabilidade mercadológica do negócio

Para podermos determinar a viabilidade mercadológica de um empreendimento, necessitamos de um estudo aprofundado do mercado, em cima da ideia de nosso produto/serviço, e da avaliação da oportunidade que se apresenta para que esse produto/serviço seja colocado à venda no mercado.

No plano de negócios, precisamente nas considerações finais sobre o empreendimento, temos de deixar clara a viabilidade mercadológica do negócio antes de demonstrarmos os resultados financeiros que nossa participação no mercado proporcionará.

A seguir, mostramos algumas questões sobre a viabilidade mercadológica de um empreendimento.

01 O que é viabilidade mercadológica de um empreendimento?

A viabilidade mercadológica de um negócio é determinada pelo estudo de mercado, que compreende o setor de atividade ao qual estaremos inseridos, a segmentação desse mercado na busca de um nicho para a comercialização de nosso produto/serviço e da necessidade dos clientes, que pertencem a este segmento, de consumir este produto/serviço.

Mercados com alto potencial de crescimento para produtos iguais ou similares aos do nosso empreendimento podem facilitar a determinação da viabilidade mercadológica de um produto/serviço.

Capítulo 6

De forma simples, a determinação da viabilidade mercadológica pode ser traduzida por uma única questão: "Nosso produto/serviço é vendável?".

02 Após o estudo de mercado (setor de atividade e público-alvo), é possível concluir se existe viabilidade mercadológica para seu empreendimento?

Se você respondeu a todas as questões sobre o mercado e seus prováveis clientes, elencadas no Capítulo 4, certamente terá um bom conhecimento do seu empreendimento e não possuirá dificuldades em responder a essa questão.

6.5.2 A viabilidade financeira do negócio

Após ser determinada a viabilidade mercadológica de um empreendimento e com os dados obtidos das projeções de vendas de nosso produto/serviço, podemos agora dizer se a comercialização destes produtos/serviços trarão um retorno financeiro para o negócio.

Vamos colocar algumas questões sobre a viabilidade financeira de um empreendimento.

01 O que é viabilidade financeira de um empreendimento?

A viabilidade financeira de um empreendimento está relacionada aos retornos financeiros que serão obtidos com a venda dos produtos/serviços. Não basta ter muitos clientes para comprá-los, sua venda precisa gerar resultados financeiros, pois a única forma de fazer com que a empresa cresça e se desenvolva no mercado é por meio da geração e do reinvestimento dos lucros auferidos no negócio.

Caso não haja reinvestimento, o negócio não poderá crescer. Na maioria dos casos, você só poderá ter algum proveito financeiro após dois ou três anos de atuação no mercado.

02 Foram calculados os dados como taxa interna de retorno, valor presente líquido e prazo de retorno do investimento?

Esses cálculos demonstram a real viabilidade financeira de um investimento, que, nesse caso, é o seu próprio negócio. Eles são realizados em cima, principalmente, dos fluxos de caixa ou orçamentos de caixa da empresa.

A **taxa interna de retorno** (TIR) determina o percentual de retorno que o investimento terá, num determinado período de tempo, e seu resultado pode ser comparado com outras taxas de retorno para investimentos financeiros existentes no mercado.

O **valor presente líquido** (VPL) é o valor descontado, a uma determinada taxa de atratividade, de um fluxo de caixa de um investimento. Esse valor representa qual será o retorno monetário do investimento trazido a valor presente, ou seja, no momento em que o cálculo está sendo realizado.

O **prazo de retorno do investimento** (PRI), também conhecido como *payback*, corresponde ao tempo em que todo o investimento realizado na empresa retornará para os investidores. Esse tempo poderá ser comparado com o prazo de retorno de outros investimentos existentes no mercado ou, mesmo, com o de outros empreendimentos similares ao nosso.

03 Foi calculado o ponto de equilíbrio da atividade de venda dos produtos/serviços?

O ponto de equilíbrio (PE) serve para medir, em quantidades e valores, quantas unidades do produto/serviço terão de ser vendidas para que possamos, por meio da receita obtida, cobrir todos os custos e as despesas da empresa. Com base no ponto de equilíbrio, podemos traçar nossas metas e persegui-las para que o empreendimento traga os resultados esperados.

O ponto de equilíbrio em quantidades é determinado pela equação:

Capítulo 6

$$PE = \frac{\text{Custos fixos totais}}{\text{Preço de venda unitário do produto} - \text{Custo variável unitário}}$$

Calculadas as quantidades a serem vendidas pela equação acima e multiplicada a quantidade pelo valor de venda de cada produto, teremos os valores de receitas para cobrir a totalidade das despesas realizadas pela empresa.

04 Após a obtenção dos dados por meio de cálculos financeiros, é possível definir se o seu empreendimento é viável?

Para chegarmos nesse ponto, várias etapas foram realizadas. Coleta de dados, estudos das mais diversas áreas da empresa, estudos do mercado em que você estará inserido, cálculos financeiros, entre outras. Sem esses estudos, você não será capaz de avaliar se o seu negócio é viável ou não. Se isso não for possível de ser mostrado, dificilmente alguém será seu parceiro no empreendimento.

Síntese

Vimos, neste capítulo, que para elaborarmos o plano financeiro de um plano de negócios é necessária a busca por conhecimento e informação a respeito de todos os processos que envolvem a empresa, pois eles acabam por envolver as finanças do negócio. Não basta pensarmos num produto/serviço se não avaliarmos se ele terá, de fato, uma boa chance de entrar no mercado e trazer resultados financeiros para o empreendedor.

Os tópicos deste capítulo foram elaborados para servir de guia para a obtenção das informações necessárias para o desenvolvimento do plano financeiro do empreendimento. Definir o produto/serviço, estudar o mercado ao qual esse produto/serviço se destina, traçar as estratégias para levá-los aos clientes, definir a estrutura da empresa, como ela será gerida e operacionalizada e quem serão os responsáveis por esse processo são alguns dos pontos importantes para poder avaliar o negócio, testar sua potencialidade e, por fim, determinar a sua viabilidade financeira.

Questões para revisão

1. Quais cálculos devem ser utilizados para determinar a viabilidade financeira de um empreendimento?
2. Para podermos calcular a taxa interna de retorno, o valor presente líquido e o prazo de retorno do investimento, que ferramenta financeira precisaremos estruturar?
3. Como devemos montar um fluxo de caixa?
4. Quais as demonstrações financeiras que devemos elaborar para a empresa, de modo que possamos controlar a situação financeira do empreendimento?

Questões para reflexão

1. O cálculo do ponto de equilíbrio é suficiente para que possamos medir o retorno financeiro de nosso empreendimento?
2. Por que não podemos basear a viabilidade de um empreendimento apenas nos cálculos de sua viabilidade financeira?
3. Por que não podemos planejar financeiramente um empreendimento sem obtermos os dados do mercado em que ele se insere?

Para saber mais

Para você aprofundar os conteúdos do Capítulo 6 e buscar mais informações sobre o plano financeiro de um plano de negócios, sugerimos a seguinte bibliografia:

BERNARDI, L. A. **Manual de empreendedorismo e gestão**. São Paulo: Atlas, 2003.

BULGACOV, S. **Manual de gestão empresarial**. São Paulo: Atlas, 2006.

CHER, R. **O meu próprio negócio**. São Paulo: Negócio, 2002.

DORNELAS, J. C. A. **Empreendedorismo: transformando ideias em negócios**. Rio de Janeiro: Campus, 2001.

GITMAN, L. J. **Princípios de administração financeira**. São Paulo: Pioneira, 2004.

HOJI, M. **Administração financeira: uma abordagem prática**. São Paulo: Atlas, 2006.

LONGENECKER, J.; MOORE, C. W.; PETTY, J. W. **Administração de pequenas empresas**. São Paulo: Makron Books, 1997.

SILVA, J. P. da. **Análise financeira das empresas**. São Paulo: Atlas, 2001.

TOLEDO, G. L.; OVALLE, I. I. **Estatística básica**. São Paulo: Atlas, 2000.

capítulo

Escrevendo o plano de negócios

07

Conteúdos do capítulo:

- Sumário executivo;
- A empresa;
- O mercado;
- As estratégias;
- O plano financeiro;
- A viabilidade do negócio.

Após o estudo deste capítulo, você será capaz de:

- definir a sequência de apresentação de um plano de negócios;
- escrever o sumário executivo do seu plano de negócios;
- estabelecer a ordem de assuntos do plano de *marketing*;
- estabelecer os principais dados do plano financeiro;
- determinar a viabilidade do plano.

Agora que já foram levantadas as informações necessárias à formatação do plano de negócios, chegou o momento de começarmos a escrevê-lo.

Como você pôde perceber no decorrer dos capítulos anteriores, é preciso fazer o levantamento de várias informações a respeito do negócio antes de começarmos a escrever a versão final de um plano de negócios.

Faça um pré-projeto do plano em forma de rascunho, seguindo a estrutura e a sequência mostradas nos dois primeiros capítulos, e comece a elaborar o conteúdo de cada uma das partes com base nos questionamentos apresentados nos demais capítulos. Lembre-se de que esses questionamentos são somente uma base e um roteiro para o preenchimento de cada uma das partes do plano, sendo que poderão surgir novos questionamentos quando você estiver escrevendo-o.

> **Você ainda se lembra da estrutura de plano de negócios apresentada?**
>
> Vamos refrescar a sua memória. Os grandes títulos que deverão designar as partes de um plano de negócios são: **sumário executivo, a empresa, plano de *marketing* e plano financeiro.**

Existem outras partes que também devem constar do plano de negócios, as quais chamamos de partes *pré* e *pós-textuais*, como capa, sumário ou índice, listas de figuras, tabelas, gráficos e anexos. Contudo, essas partes não serão abordadas nesse momento e você poderá montá-las quando verificar o modelo de plano de negócios do próximo capítulo.

Vamos nos ater, então, às partes textuais do plano de negócios apresentadas a seguir.

7.1 O sumário (ou resumo) executivo

O sumário executivo é considerado, por muitos consultores de negócio, **a parte mais importante do plano quando a finalidade é a busca de recursos oriundos de investidores, financiadores ou parceiros em potencial**. Isso se deve ao fato de que no sumário executivo é necessário mostrarmos as reais potencialidades do empreendimento. Contudo, como sabemos que o plano não tem somente a finalidade de busca de recursos, mas, também, a de servir como uma poderosa ferramenta de gestão para o empreendimento que está surgindo, o consideraremos como uma das partes mais importantes do plano de negócios.

O sumário executivo deverá ser escrito em poucas páginas (no máximo quatro), para que possa ser lido rapidamente. Entretanto, essas páginas devem conter a síntese das principais informações a respeito do negócio. Em outras palavras, ele possuirá a estrutura de um miniplano de negócios que deverá atrair a atenção dos leitores para a oportunidade que se apresenta.

Procure dar uma visão geral de seu empreendimento, descrevendo de forma sucinta e clara a oportunidade que foi avaliada, como a empresa será formada, sua equipe de gestão, os produtos/serviços que serão comercializados, o potencial de mercado para esses produtos/serviços e o quanto o negócio poderá render à empresa.

Entretanto, se o plano de negócios é usado como uma ferramenta de gestão para o próprio empreendedor e o sumário executivo é um mini-plano de negócios, por que precisamos escrevê-lo?

Lembre-se de que em algum momento da existência de sua empresa, mesmo que não seja no início, será preciso apresentar o plano de negócios para outras pessoas lerem. Quando você for fazer um financiamento de uma máquina, de um equipamento ou mesmo buscar recursos num banco, será importante a apresentação de seu plano de negócios. Como a estrutura básica requer a existência de um sumário executivo, será mais fácil já deixá-lo montado, visto que as informações a respeito do negócio foram levantadas e serão mais facilmente lembradas.

Porém, como podemos escrever todos os pontos mais importantes do empreendimento em, no máximo, quatro páginas?

O conhecimento do negócio permite sintetizar, em poucas palavras, tudo o que ele representa para o empreendedor e para o mercado. Isso é levado em consideração quando o sumário executivo é lido por outras pessoas que não o próprio empreendedor. Quanto mais conhecimento do negócio pudermos demonstrar, mais as pessoas acreditarão nas possibilidades de sucesso do empreendimento.

> Quanto mais conhecimento do negócio pudermos demonstrar, mais as pessoas acreditarão nas possibilidades de sucesso do empreendimento.

Procure empolgar os leitores do seu plano de negócios com as informações constantes no sumário executivo. Entretanto, tome cuidado para não exagerar na linguagem rebuscada, com frases de efeito, que irão empolgar somente a nós mesmos. Além disso, seja realista. Todos os dados devem ser validados, testados e comprovados. Portanto, dê a devida coerência a tudo o que for escrito, tanto no sumário executivo quanto no plano como um todo.

Podemos usar, aqui, uma expressão bastante coloquial, mas que exprime bem o que não devemos fazer quando escrevemos o plano de negócios e muito menos o sumário executivo: "Não enfeite o pavão, pois ele já é bonito por natureza, só o descreva".

Capítulo 7

Importante

Não existe uma receita de como se deve escrever um sumário executivo. Como cada empreendimento possui características próprias, ele deve ser ajustado de acordo com a realidade de cada tipo de negócio. Não esqueça que, por ser um miniplano de negócios, quase um plano independente, o **sumário executivo deverá ser escrito após todas as outras etapas estarem prontas**. Evite "copiar e colar" partes do plano de negócios para formatá-lo, pois, além de as pessoas que irão ler o plano identificarem essas partes no conteúdo, isso demonstra certo descaso com a preparação desse documento tão importante.

7.2 A empresa

Nesta etapa, precisamos considerar duas situações: **a descrição de uma empresa já existente e a descrição de uma que está em processo de criação**. Essa separação é importante, pois quando a empresa já existe há algum tempo, ela possui um histórico de atuação e, provavelmente, seu nome e produtos/serviços já são conhecidos. Isso facilita na hora de escrever a respeito da empresa, pois só precisamos mostrar as propostas de inovação e oportunidade.

Em contrapartida, quando a empresa está em seu início, fazer sua descrição torna-se complicado, pois ainda não há um histórico de atuação e as descrições se atêm às pessoas que desenvolverão o negócio. É nelas que estará o foco de avaliação e os fatores como experiência, competência, entusiasmo e dedicação serão condições essenciais dessa avaliação.

Ao formatarmos a descrição da empresa, precisamos dizer, em poucas palavras:

- em que mercados a organização está inserida;
- o que se pretende com os segmentos de mercado escolhidos;
- o ramo de atividade da empresa;
- onde ela está localizada e por que foi escolhida essa localização (questões de custo, proximidade dos clientes, distância dos concorrentes, entre outras);
- quem são os clientes;
- a forma de constituição legal da empresa;
- quem serão os dirigentes da empresa (suas capacidades, habilidades e experiências);
- o tipo de estrutura organizacional utilizada (matricial, em linha, entre outras);
- a estrutura física para operacionalizar os processos da empresa (prédios ou edificações, máquinas, equipamentos etc.);
- de que modo serão desenvolvidos os processos operacionais;
- a forma de manter seus registros financeiros e contábeis;
- a segurança com que os dados e as informações relevantes da empresa são tratados.

É importante também que alguns itens do planejamento estratégico da empresa apareçam nesse momento do plano de negócios: a visão descrita para a empresa (aonde a empresa quer chegar, mostrando um horizonte de tempo de 10 a 15 anos de atividade no mercado) e a sua missão (a razão de ser da empresa, o seu propósito, o que ela faz e porque ela é capaz de fazê-lo), demonstrando também a forma de se relacionar com clientes, fornecedores e colaboradores, os objetivos, que passam a ser um complemento da visão, e as metas, que traduzem de forma quantitativa os meios de atingir os objetivos.

7.3 O plano de *marketing*

Na maioria das bibliografias existentes a respeito de plano de negócios, encontramos, após a descrição da empresa, outros títulos como produtos, serviços e análise de mercado. Neste livro, alguns títulos foram suprimidos e passaram a fazer parte da estrutura do plano de *marketing*, pois ele é bastante abrangente e dá espaço para descrevermos os produtos/serviços e a análise de mercado.

7.3.1 Produtos/Serviços

Neste ponto, temos a oportunidade de mostrar qual ou quais produtos/serviços estaremos colocando no mercado. Procure demonstrar as vantagens que seu produto possui em relação aos similares no mercado e foque nas necessidades às quais ele atende e que não são supridas pelos concorrentes; mostre a ideia e a oportunidade que se apresenta.

A descrição do produto/serviço deve ser detalhada: dê ênfase ao *design*, à tecnologia utilizada e, principalmente, aos diferenciais competitivos. É interessante, também, especificar questões como direito de propriedade por meio de registros ou patentes que preservem, de alguma forma, as cópias que poderão ser feitas por concorrentes.

Se sua empresa só vende um produto/serviço, procure mostrar informações a respeito dos fornecedores e a garantia que você tem de continuar vendendo esses produtos. Já se você é um fabricante, descreva os processos de fabricação, desde o recebimento das matérias-primas até a embalagem e a comercialização.

Outro fator importante a ser mencionado e demonstrado é o **ciclo de vida de seu produto/serviço**, descrevendo com clareza suas etapas (nascimento, crescimento, maturação e declínio), pois o ciclo de vida do produto/serviço, em cada uma das etapas, tem características próprias de esforços e custos a serem considerados. Por exemplo: na fase inicial do produto, você terá despesas elevadas com promoção e despenderá de um grande esforço para torná-lo conhecido. Além disso, os custos provavelmente serão elevados devido às poucas quantidades produzidas ou vendidas, que geralmente acontecem no início de qualquer empreendimento, o que fará com que você pratique preços mais altos em função de toda essa estrutura de custos e venda.

Não é simples descrevermos, antecipadamente, as etapas do ciclo de vida de um produto/serviço, nem o tempo que cada uma dessas etapas irá durar, mas é necessário que o façamos. Daremos um exemplo que poderá esclarecer essa necessidade: você deve conhecer o brinquedo chamado de *bichinho virtual*. Seu surgimento aconteceu no final do ano 1980 e foi inicialmente produzido por uma empresa multinacional fabricante de brinquedos. Quando ele surgiu, por se tratar de uma inovação para o mercado de brinquedos da época, teve uma grande aceitação e toda criança queria ter um, só que nem todas podiam ter, pois entrou no mercado com um preço aproximado de R$ 40,00 (equivalente na época a um terço de um salário mínimo). Em aproximadamente 90 dias, o produto foi copiado por um concorrente, com menos qualidade e menos durabilidade do que o produto original, mas com um preço bem menor, cerca de R$ 15,00. Isso fez com que mais pessoas pudessem adquirir o produto e mesmo as que tinham condições de pagar o preço do original migraram para o similar, fazendo com que as vendas desse brinquedo pela multinacional despencassem. Finalizando o exemplo, em meados do ano 1995, os bichinhos virtuais já eram vendidos nas lojas de R$ 1,99. Para a empresa fabricante do produto original, o ciclo de vida desse produto durou pouco mais de 90 dias. Não podemos dizer se isso foi um erro estratégico ou se esse curto ciclo já era conhecido pela empresa e sido aproveitado para gerar bons resultados, mesmo sabendo que isso seria por pouco tempo; porém, se a empresa dependesse somente desse produto, certamente teria fechado suas portas no mesmo tempo em que durou o ciclo de vida do produto.

O exemplo mostra o quanto é importante podermos determinar o ciclo de vida do produto/serviço e nos fará estarmos atentos e preocupados com a substituição deste no momento em que se iniciar a fase de declínio.

7.3.2 Análise de mercado

A análise de mercado irá demonstrar seu conhecimento a respeito do ambiente em que a empresa estará inserida. Duas ferramentas permitem analisar o mercado: a pesquisa de mercado e matriz SWOT.

A **pesquisa de mercado** é realizada por meio da busca por informações a respeito do que ocorre no ambiente da empresa. Já a **matriz SWOT** permite conhecer as oportunidades e as ameaças do ambiente externo à empresa e as forças e as fraquezas do ambiente interno da mesma. A matriz SWOT é uma grande ferramenta de avaliação de nossos concorrentes e como estaremos preparados para enfrentá-los no mercado que queremos atender.

Entretanto, antes de você fazer o levantamento a respeito dos clientes e dos concorrentes, além de ajustar os processos com os fornecedores, é preciso segmentar o mercado. Essa segmentação se dá pela característica de seu produto/serviço, pelo perfil do consumidor, pelas necessidades que o produto/serviço se propõe a atender, entre outras. Além disso, ela facilita o trabalho de análise, pois ao dividir o mercado em setores ou nichos, a população amostral será menor, facilitando a avaliação.

Dependendo de seu produto/serviço, você poderá escolher entre as várias formas de segmentar um mercado; essa segmentação poderá ser realizada por fatores geográficos, idade, sexo, renda, entre outros, sempre com o intuito de definir, efetivamente, quem são seus consumidores e não qual mercado que você gostaria de atingir.

7.3.3 Análise da concorrência

A concorrência deve ser identificada quando uma empresa quer colocar um produto/serviço à venda no mercado. Identificar concorrentes diretos é uma tarefa que pode ser considerada fácil, mas os concorrentes indiretos nem sempre são identificados e, certamente, serão os que mais afetarão o seu empreendimento.

Quem são os concorrentes diretos de uma empresa? E os indiretos? Como posso identificá-los?

Os **concorrentes diretos** são aqueles que comercializam produtos/serviços iguais ou similares aos nossos. Já os **concorrentes indiretos** são aqueles que, mesmo não comercializando produtos iguais ou similares aos nossos, tiram os nossos clientes com o tipo de produto/serviço que atende às mesmas necessidades.

Para entendermos melhor esses conceitos, vejamos o seguinte exemplo: imagine que o empreendimento que estamos desenvolvendo seja um cinema. Os concorrentes diretos são os outros cinemas existentes. Os concorrentes indiretos são aqueles que possuem negócios que possam atrair os clientes, sem que estes necessariamente precisem ir ao cinema: TVs abertas, TVs fechadas ou por assinatura, vendedores de DVDs e, também, outros fornecedores de entretenimento que possam vir a substituir os cinemas.

Os concorrentes são limitadores de nossas ações no mercado, desde o local onde queremos estar até os preços a serem cobrados. Por isso, fazer uma análise da concorrência é muito importante para o sucesso do empreendimento

Tome cuidado ao identificar seus concorrentes. É muito melhor conhecer a concorrência e saber como você pode combatê-la do que não conhecer e sofrer as consequências de seus ataques.

Importante
A análise dos concorrentes tem de ser revisada constantemente, pois eles também trabalham para melhorar sua atuação no mercado. É preciso estar sempre atento às mudanças da concorrência.

7.3.4 Estratégias de *marketing*

Ao definirmos nossas estratégias de *marketing*, que podem ser descritas como a forma de podermos alcançar os objetivos empresariais, contamos com duas ferramentas já comentadas neste livro: a matriz BCG e o composto de *marketing* (produto, preço, praça e promoção). A primeira ferramenta nos ajuda a posicionarmos o produto/serviço desenvolvido por nossa empresa dentro do mercado em que queremos atuar. A segunda permite mostrarmos como a empresa se comportará no mercado para que os produtos/serviços possam ser disponibilizados aos clientes.

Nesse momento do plano, temos de descrever, para um produto/serviço já posicionado no mercado pela da matriz BCG, como iremos convencer nossos prováveis clientes a comprarem esse produto/serviço. Isso pode ser feito por meio da definição de todos os benefícios que trarão aos clientes, de uma política de preços, da forma de distribuir os produtos/serviços e de incentivar os clientes a comprarem mais rapidamente e em quantidades maiores o que é oferecido pela empresa.

7.4 O plano financeiro

O plano financeiro é considerado por muitos como a parte mais difícil de ser estruturada no plano de negócios. Entretanto, ele nada mais é do que a tradução do planejamento estratégico do empreendimento em números. Se fizermos um bom trabalho de planejamento, certamente não teremos dificuldades nesse momento ou elas serão, pelo menos, minimizadas. Provavelmente, várias dúvidas surgirão no momento da elaboração do plano financeiro, principalmente em relação à previsão de receitas, pois teremos que auferi-las em cima de previsões de vendas cujas estimativas se tornam complicadas, visto que no início da empresa não temos certeza de que o cliente comprará os produtos/serviços, nem em que quantidade ou frequência ele o fará.

Para facilitar o trabalho, descreveremos os pontos principais que deverão aparecer no plano financeiro e o modo como eles deverão ser mostrados. Os dados devem ser montados em forma de tabelas e separados por tipos, o que facilita a compreensão.

A ordem em que as tabelas são montadas segue, cronologicamente, os momentos em que os investimentos e as despesas ocorrem, ou seja, despesas pré-operacionais ou aquelas que acontecem para iniciarmos o empreendimento (imóvel a ser utilizado, maquinário, equipamentos, entre outras) devem vir antes das despesas operacionais ou aquelas que serão realizadas no momento em que estivermos com o negócio em andamento, também chamadas de custos *contínuos* (água, luz, telefone, funcionários, entre outras).

A seguir, relacionamos os nomes das tabelas que aparecerão no plano financeiro:

- **Investimentos iniciais** – Todas as despesas para a formação da empresa devem aparecer nesta tabela, constando uma descrição da despesa, a data em que ocorrerão ou ocorreram e o seu valor.
- **Custos variáveis** – Todas as despesas que estejam diretamente relacionadas à produção ou à venda de um produto/serviço. Ex.: matérias-primas, insumos, comissões sobre venda, entre outros.
- **Custos fixos** – Todas as despesas que não estão diretamente relacionadas à produção ou à venda de um produto/serviço, ou seja, ocorrerão sempre, mesmo que não haja a venda de nenhum produto/serviço. Ex.: aluguel, água, luz, telefone, salários fixos, entre outros.
- **Despesas de recursos humanos (RH)** – Todas as despesas com salários, encargos e benefícios para os funcionários. Aparecem separadas dos custos fixos, pois possuem um valor significativo dentro das despesas gerais da empresa.
- **Projeção de fluxos de caixa** – Projeção de receitas e despesas apresentadas de forma detalhada, geralmente mês a mês, para se ter uma noção das necessidades ou das sobras de caixa e os períodos em que isso ocorre.

> - **Projeção de demonstrações de resultados do exercício** – Projeção de receitas e despesas da empresa para, no mínimo, três anos, podendo chegar até cinco anos de projeções.
> - **Projeção de balanços patrimoniais** – Mostra a situação patrimonial da empresa no final de cada exercício fiscal. Conforme as projeções da DRE, também devem conter as projeções para, no mínimo, três anos.

7.4.1 Análise da viabilidade financeira

Com base nas tabelas estruturadas podemos, utilizando fórmulas e cálculos financeiros, determinar se o investimento terá viabilidade financeira.

O **primeiro cálculo** a ser desenvolvido é o do **ponto de equilíbrio,** que representa, em quantidades ou em valores, o quanto a empresa deverá vender para cobrir todos os seus custos, tanto variáveis quanto fixos. Esse cálculo é muito útil, pois possibilita saber em que momento a empresa começará a gerar lucro.

O **segundo cálculo**, que possibilita darmos continuidade na demonstração de viabilidade, é o cálculo da **taxa interna de retorno** (TIR), que permite conhecer a taxa de desconto de um fluxo de caixa projetado que fará com que as despesas se tornem iguais ao investimento realizado. Por ser um cálculo complexo de ser realizado por fórmulas, a melhor maneira de calcularmos a TIR de um projeto é por meio de calculadoras financeiras ou planilhas de cálculo, como o Excel©.

O **terceiro cálculo** a ser feito é o do **valor presente líquido** (VPL), onde são descontados os valores de um fluxo de caixa projetado a uma **taxa de atratividade** (taxa que poderíamos conseguir no mercado financeiro para investimentos), trazendo esses valores a **valor presente** (valor na data em que o cálculo está sendo realizado), o que permite subtrairmos deles os investimentos iniciais realizados. Se o resultado dessa subtração for positivo, indica que o empreendimento é viável, pois gerará lucro.

Por fim, o **último cálculo** a ser realizado é o do **prazo de retorno do investimento** (*payback*), que tem a função de medir o tempo necessário para que todo o investimento inicialmente realizado seja recuperado pela empresa.

Para os cálculos da TIR, do VPL e do *payback*, os dados utilizados são os do fluxo de caixa projetado da empresa em conjunto com os investimentos iniciais realizados para montar o empreendimento.

Você poderá entender melhor o que foi descrito neste capítulo quando for apresentado o modelo de um plano de negócios.

Síntese

Neste capítulo, revimos a estrutura de um plano de negócios: o sumário executivo, a empresa, o plano de marketing e o plano financeiro. Em relação ao plano de *marketing*, podemos subdividi-lo em produtos/serviços e mercado – este último, que engloba a análise de mercado, fraciona-se em pesquisa de mercado e matriz SWOT – e as estratégias de *marketing* – com a matriz BCG e o *mix* de *marketing* ou 4 Ps. Por fim, há o plano financeiro, que contém as informações financeiras e a viabilidade financeira do negócio.

Essa estrutura permite com que o plano escrito seja apresentado de uma forma lógica e coerente para que o leitor possa entender o negócio, o potencial de mercado, a forma de operacionalização e as questões financeiras que envolvem o empreendimento, com seus resultados e sua viabilidade.

Todo o trabalho de pesquisa, questionamento e conhecimento do negócio foi traduzido em informações, descritas em cada uma das etapas mencionadas, delineando todo o empreendimento e o seu potencial de sucesso. Isso é o que o empreendedor espera de um plano de negócios. Após a descrição do plano, é hora de utilizarmos a última palavra do conceito de empreendedor, mostrado no primeiro capítulo deste livro: "realiza". Com o plano já desenvolvido, cabe agora ao empreendedor colocá-lo em prática.

Questões para revisão

1. Qual a importância do sumário executivo no plano de negócios?

2. Quais pontos devem ser considerados quando da elaboração a respeito da definição da empresa?
3. O plano de *marketing* é o ponto de partida para a elaboração do plano de negócios. Quais são as principais partes de um plano de *marketing* e qual sua importância?
4. Qual a finalidade do plano financeiro de um plano de negócios e qual sua importância?

Questões para reflexão

1. Por que o sumário executivo deve ser escrito em poucas páginas?
2. Na definição da empresa, qual a importância da especificação de sua visão e missão?
3. Por que os concorrentes são limitadores de nossa atuação no mercado?
4. Ao analisarmos o investimento, por que devemos calcular a taxa de retorno, o valor presente líquido e o payback?

Para saber mais

Para você aprofundar os conteúdos do Capítulo 7 e buscar mais informações a respeito de como escrever um plano de negócios, sugerimos a seguinte bibliografia:

BERNARDI, L. A. **Manual de empreendedorismo e gestão**. São Paulo: Atlas, 2006.

BERNARDI, L. A. **Manual de plano de negócios**: fundamentos, processos e estruturação. São Paulo: Atlas, 2006.

BIAGIO, L. A.; BATOCCHIO, A. **Plano de negócios**: estratégia para micros e pequenas empresas. São Paulo: Manoele, 2005.

BIZZOTTO, C. E. N. **Plano de negócios:** para empreendimentos inovadores. São Paulo: Atlas, 2008.

DORNELAS, J. C. A. **Empreendedorismo**: transformando ideias em negócios. Rio de Janeiro: Campus, 2001.

LENZI, F. C. **Nova geração de empreendedores**: guia para elaboração de um plano de negócios. São Paulo: Atlas, 2009.

Parte 2

A intenção, neste momento, é mostrar a você como deve ser apresentado um plano de negócios: as partes, o conteúdo, a disposição das informações, a coerência dos dados e das informações. O plano aqui descrito não deve ser tratado como um modelo para seguirmos à risca, pois cada tipo de empreendimento possui características particulares, que o tornam único. Contudo, certamente ele poderá lhe ajudar quando da estruturação de qualquer que seja seu plano de negócios.

O modelo que apresentamos foi elaborado por Monica Thieme[1], que objetivava estruturar seu próprio negócio. O trabalho foi bem elaborado, com todas as características de um plano de negócios eficiente, que traduz a importância do planejamento, da obtenção e da estruturação de

---

1 Monica Thieme foi minha aluna no curso de graduação em Administração de Empresas. Ela decidiu estruturar um negócio próprio e me deu a oportunidade de orientá-la na confecção desse trabalho.

informações e da tomada de decisões. Este modelo de plano de negócios representa uma das oportunidades vislumbradas por Mônica. No decorrer do trabalho, sugiram outras possibilidades que, após serem avaliadas, fizeram com que este plano em específico não fosse implementado. Contudo, a mudança e o rumo a ser seguido depois de avaliadas as possibilidades do negócio também fazem parte do processo de elaboração de um plano de negócios. Caso este plano não tivesse sido confeccionado, talvez os riscos que seriam assumidos pela autora tivessem consequências negativas para o empreendimento.

O importante é saber que o planejamento não é uma coisa estanque, que deve ser realizado uma única vez e implementado tal qual está no papel. Ele pressupõe a avaliação constante e as correções de rumo, pois as variáveis se modificam e, de uma forma ou de outra, afetam o futuro do nosso negócio.

Todavia, isso é algo que você descobrirá com o tempo, pois o uso deste material servirá não só como forma de aprendizado, mas também como uma maneira de pensar melhor o seu futuro.

Quando você folhear as páginas do modelo apresentado, procure se lembrar do que foi visto nos capítulos anteriores. Volte a eles, se necessário, e releia as partes que considerar importantes, de modo a perceber o relacionamento do conteúdo teórico com a prática exemplificada no modelo.

Não se preocupe com o tamanho do plano apresentado, pois foram colocadas todas as informações necessárias para o entendimento do conteúdo desenvolvido. Lembre-se de que o tamanho do plano não é relevante; o importante é que ele mostre a você, e a quem vier a lê-lo, a projeção e a contextualização completa do empreendimento.

Modelo de plano de negócios

Sumário executivo

1.1 Enunciado do projeto

A elaboração deste plano de negócios tem como objetivo realizar estudos e suas respectivas análises sobre a criação de um estabelecimento voltado ao entretenimento: o Music Hall Bar, na cidade de Curitiba.

Por ser considerada uma cidade que tem um dos melhores níveis de qualidade de vida do país e também por ser um "laboratório" em termos de teste de novas oportunidades de negócios, Curitiba foi a cidade escolhida para iniciar esse projeto, que será expandido, em até 10 anos, para as demais capitais do país e também da América Latina.

1.2 Competência dos responsáveis

Os sócios da empresa vêm pesquisando o mercado há alguns anos e sentem-se capazes de enfrentar esse desafio. Todos os sócios são administradores de empresas e possuem bons conhecimentos de gestão e de qualificação para administrar o empreendimento.

Além disso, eles contarão com a ajuda de dois gerentes, contratados para operacionalizar o negócio, que têm perfil e competências para atuar na área de entretenimento e propiciar à empresa o diferencial necessário à sua implantação e à manutenção no mercado.

1.3 Os serviços

O Music Hall Bar irá prestar serviços de bar e restaurante, com atendimento noturno e música ao vivo, num ambiente diferenciado, contando com local para estacionamento (com manobristas), de forma a proporcionar a melhor qualidade de produtos e atendimento aos seus clientes, além de tornar o empreendimento um local agradável para momentos de lazer e gastronomia, fixando a marca por meio dos diferenciais implementados e fidelizando os clientes.

1.4 Elementos de diferenciação

O grande diferencial apresentado pelo Music Hall Bar está associado a questões de qualidade, tanto dos produtos quanto do atendimento aos clientes.

Um ambiente selecionado, boa música, bons produtos e bom atendimento fazem parte dos diferenciais competitivos que serão implementados, de forma a fidelizar os clientes. Entretanto, sabemos que não basta só isso, pois para entrar no mercado é preciso, além de uma boa divulgação do estabelecimento, atrair os clientes por meio de promoções e benefícios, de modo que, após conhecerem e usufruírem de um ótimo ambiente, certamente voltarão para aproveitar outros momentos de descontração e lazer.

2 A empresa

2.1 Definição da empresa

O Music Hall Bar é uma empresa que atuará na área de entretenimento, oferecendo serviços de bar e restaurante num estabelecimento próprio, buscando satisfazer as necessidades dos consumidores neste segmento de mercado que abrange os jovens e os adultos de classe média, os quais buscam lazer e diversão com conforto e privacidade.

Missão
O Music Hall Bar tem como missão atender à necessidade de nossos clientes, oferecendo qualidade de atendimento, com prática de preços justos e competitivos, criando uma identificação dos clientes com o estabelecimento e transmitindo a estes a ideia de confiança e responsabilidade social.

Visão
Criar filiais nas principais capitais do Brasil e da América Latina, tornando-se líder no mercado nacional neste segmento no período de 10 anos.

Foco
O foco da empresa é atender aos consumidores de Curitiba na área de entretenimento noturno, enfatizando a rapidez e a qualidade no atendimento.

Objetivos

- Conquistar 30% do nicho de mercado, determinado por meio de pesquisa mercadológica no primeiro ano.
- Obter o retorno sobre o investimento inicial no período de três anos.
- Investir 2% do lucro anual em constantes programas de treinamento e desenvolvimento dos nossos colaboradores, enfatizando o atendimento ao cliente.
- Investir 3% do lucro líquido obtido em projetos de responsabilidade social.
- Investir 10% do lucro líquido em propagandas e *marketing*.
- Atingir 80% do mercado-alvo no período de três anos.

Metas

- Nos primeiros seis meses, investir em propaganda, como em anúncios em rádio, programas locais de entretenimento jovem, *banners*, *folders* distribuídos em faculdades, cursinhos pré-vestibulares, cursos técnicos e escolas de ensino médio e em outros locais da cidade, a cada 2 meses.
- Oferecer promoções nos primeiros três meses, como descontos a estudantes em determinados dias da semana ou uma bebida grátis a cada "x" reais em consumação.
- No momento de definir as instalações do bar, criar uma decoração jovem, tornando o local um ambiente agradável, que proporcione conforto e bem-estar, aliado a um toque moderno e criativo com a contratação de um decorador.
- No quarto mês, criar um pequeno questionário de pesquisa a respeito da satisfação dos clientes em relação ao estabelecimento e oferecer, por meio de divulgação de sorteio, um prêmio aos que responderam ao questionário.

- Por meio do questionário de pesquisa realizado, criar um banco de dados dos clientes e, depois, enviar a estes cartas ou cartões em datas comemorativas, como aniversário ou Natal.
- Proporcionar treinamento específico a todo o quadro de funcionários, mediante cursos terceirizados de atendimento ao cliente, cursos básicos administrativos a cada seis meses e no ato da admissão de cada novo funcionário.
- Investir em parcerias com fornecedores de bebidas de diversas marcas, três meses antes da inauguração do estabelecimento.
- A partir do 12° mês de funcionamento, fazer uma pesquisa e determinar uma população carente para auxiliar com doações de vestuários, calçados e alimentos, mensalmente, alternando entre populações diferentes a cada 12 meses, de forma a ajudar 2% da população carente de Curitiba e região metropolitana.

2.2 Estrutura organizacional e legal

A determinação da estrutura organizacional terá como objetivo definir a divisão de trabalho, as unidades de linha e assessoria, a relação entre superiores e subordinados e as relações funcionais dos cargos da empresa.

2.2.1 Estrutura organizacional

Figura 2.1 – Organograma da empresa

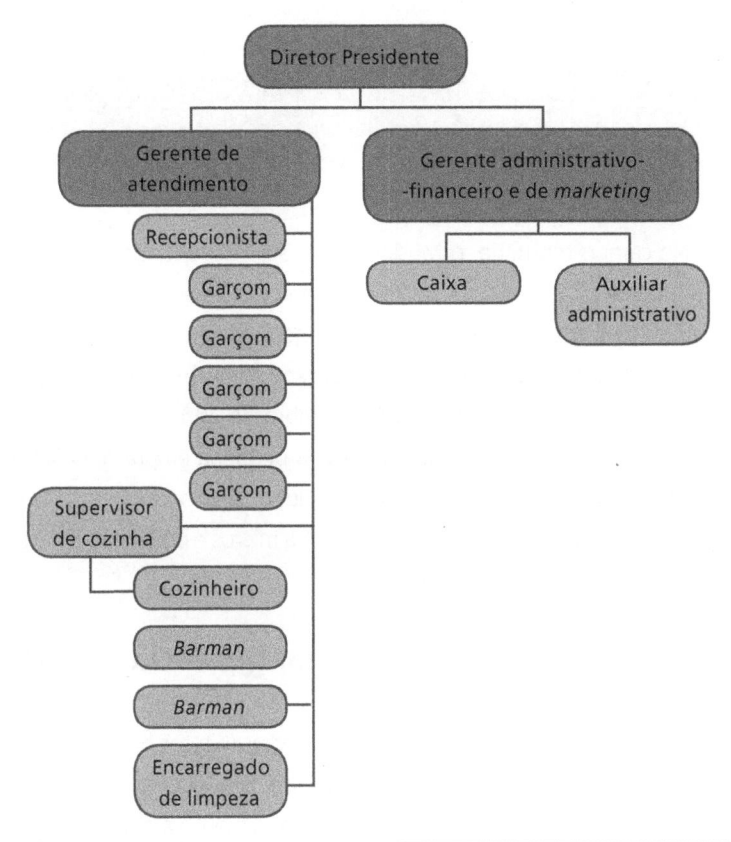

```
                        Diretor Presidente
                       /                  \
          Gerente de                       Gerente administrativo-
          atendimento                      -financeiro e de marketing
              |                                    /        \
         Recepcionista                          Caixa      Auxiliar
              |                                            administrativo
           Garçom
              |
           Garçom
              |
           Garçom
              |
           Garçom
              |
           Garçom
  Supervisor  |
  de cozinha
              |
          Cozinheiro
              |
           Barman
              |
           Barman
              |
         Encarregado
         de limpeza
```

2.2.2 Descrição legal

O Music Hall Bar será uma sociedade civil por cotas de responsabilidade limitada, constituída por dois sócios com participação igualitária no valor de R$100.000,00 (cem mil reais), a qual será enquadrada, em um primeiro momento, como microempresa.

No âmbito da pequena empresa, principalmente para efeitos comerciais, a legislação federal brasileira instituiu o Estatuto da Micro e Pequena

Empresa – Lei Federal nº 9.841/1999 –, que assegura o tratamento jurídico diferenciado e simplificado nos campos administrativo, tributário, previdenciário, trabalhista, creditício e de desenvolvimento empresarial. Além disso, define, com base na receita bruta anual, os conceitos de micro e de pequena empresa.

Quadro 2.1 – Classificação das empresas pela receita bruta anual

Classificação	Receita bruta anual
Microempresa	até R$ 433.755,14
Pequena empresa	de R$ 433.755,14 até R$ 2.133.222,00

Fonte: Sebrae Paraná, 2011.

No campo tributário, o Music Hall Bar será beneficiado pela adoção do Simples Federal, que é o sistema integrado de pagamento de impostos e contribuições das microempresas e das empresas de pequeno porte, instituído por meio da Lei nº 9.317, de 5 de dezembro de 1996, e alterada pela Medida Provisória nº 275, de 29 de dezembro de 2005, que diz respeito ao aumento na faixa de enquadramento da pequena empresa. O Simples Nacional é um novo sistema de tributação que substitui os impostos e as contribuições federais por um único imposto para micros e pequenas empresas.

2.3 Estrutura funcional, diretoria, gerência e *staff*

O Music Hall Bar será presidido por um dos sócios (diretor-presidente), que buscará alcançar um alto nível de eficiência e eficácia, contando com a colaboração de dois gerentes (gerente de atendimento e gerente administrativo-financeiro e de *marketing*) que o auxiliarão na gestão da empresa e buscarão transformar as estratégias elaboradas para atingir os objetivos organizacionais em programas de ação.

Setores do estabelecimento

O local do estabelecimento terá uma metragem de 300 m², que serão divididos basicamente em três áreas:

- administração (escritório);
- área de preparação de lanches em geral (cozinha e estoques);
- área de atendimento.

Recursos humanos necessários para a empresa

O Music Hall Bar pretende investir nos funcionários, de modo que estes trabalhem motivados e supram as necessidades dos clientes, atendendo-os da melhor forma possível.

As pessoas que irão trabalhar na empresa são o capital mais valioso desta. De nada adianta investir em tecnologia de ponta se não houver pessoal qualificado para operacionalizar os equipamentos.

Recursos humanos para a área de atendimento

Os recursos humanos necessários para a área de atendimento serão:

- 1 gerente de atendimento;
- 2 *barmen*;
- 5 garçons;
- 1 recepcionista;
- 1 encarregado de limpeza.

Recursos humanos para a área de preparação de lanches

Os recursos humanos necessários para a área de preparação de lanches serão:

- 1 supervisor de cozinha;
- 1 cozinheiro.

Recursos humanos para a área administrativa

Os recursos humanos necessários para a área administrativa serão:

- 1 gerente administrativo;
- 1 auxiliar administrativo;
- 1 caixa.

Síntese das responsabilidades da equipe de colaboradores

Quadro 2.2 – Descrição do cargo de gerente de atendimento

\multicolumn{2}{DESCRIÇÃO DE CARGOS}	
Cargo	Gerente de atendimento
Setor	Atendimento aos clientes
Requisitos mínimos para a contratação	<ul><li>Nível superior em Administração.</li><li>Facilidade de comunicação.</li><li>Experiência mínima de dois anos em atendimento aos clientes.</li><li>Conhecimento em administração de recursos humanos.</li><li>Ter boa postura e bom relacionamento interpessoal.</li><li>Ter espírito de liderança e ser ético.</li><li>Completo domínio de sistemas gerenciais, aplicativos e redes de comunicação.</li></ul>
Descrição sumária das atividades	<ul><li>Coordenar as atividades de treinamento e seleção da empresa, supervisionar os colaboradores que têm contato direto com os clientes, a fim de manter um ótimo atendimento.</li></ul>
Descrição detalhada das atividades	<ul><li>Formular políticas gerenciais e setoriais na área de seleção, recrutamento e treinamento dos funcionários.</li><li>Atender os clientes do estabelecimento.</li><li>Estabelecer critérios de atendimento aos clientes.</li><li>Manter um bom relacionamento com fornecedores.</li><li>Coordenar e supervisionar seus subordinados e suas responsabilidades.</li><li>Responsabilizar-se pela empresa perante a comunidade.</li></ul>

Quadro 2.3 – Descrição do cargo de gerente administrativo-financeiro e de *marketing*

DESCRIÇÃO DE CARGOS	
Cargo	Gerente administrativo-financeiro e de *marketing*
Setor	Administrativo-financeiro/*marketing*
Requisitos mínimos para a contratação	<ul><li>Nível superior em Administração ou Administração com ênfase em *Marketing*.</li><li>Experiência mínima de dois anos no setor financeiro e administrativo.</li><li>Conhecimento em Administração Financeira e *Marketing*.</li><li>Ter boa postura e bom relacionamento interpessoal.</li><li>Ter espírito de liderança e ser ético.</li><li>Domínio completo em sistemas gerenciais, aplicativos e redes de comunicação.</li><li>Criatividade e facilidade de comunicação.</li></ul>
Descrição sumária das atividades	<ul><li>Coordenar toda a parte administrativa da empresa.</li><li>Coordenar as atividades de contas a pagar e contas a receber, gerenciar a posição financeira da empresa, negociar com fornecedores, controlar os estoques e analisar os demonstrativos contábeis.</li><li>Coordenar as atividades de *marketing* da empresa, supervisionar as vendas e as receitas, conhecer os clientes da empresa e criar promoções a fim de alavancar vendas e recebimentos.</li></ul>

(continua)

(Quadro 2.3 – conclusão)

DESCRIÇÃO DE CARGOS	
Descrição detalhada das atividades	• Formular políticas gerenciais e setoriais na área administrativa e financeira. • Supervisionar todas as despesas e as receitas da empresa. • Analisar relatórios financeiros, fluxos de caixa e demonstrativos contábeis. • Manter um bom relacionamento com os funcionários e os fornecedores. • Coordenar e supervisionar seus subordinados e suas responsabilidades. • Responsabilizar-se pela empresa perante a comunidade. • Formular estratégias de *marketing* para atingir o mercado-alvo.

Quadro 2.4 – Descrição do cargo de recepcionista

DESCRIÇÃO DE CARGOS	
Cargo	Recepcionista
Setor	Atendimento aos clientes
Requisitos mínimos para a contratação	• 2º grau completo. • Experiência mínima de um ano. • Saber lidar com as pessoas e tentar ajudá-las. • Criatividade e simpatia. • Facilidade de comunicação. • Ter boa postura e relacionamento interpessoal. • Ter conhecimentos básicos em informática.
Descrição sumária das atividades	• Atender aos clientes e encaminhá-los para as mesas, oferecer um atendimento de qualidade e controlar a entrada quando não houver lugares suficientes (fila de espera).
Descrição detalhada das atividades	• Atender aos clientes do estabelecimento com agilidade e qualidade. • Encaminhá-los às mesas que desejam. • Buscar solucionar problemas quando necessário. • Informar aos clientes o sistema da casa e as promoções. • Dar a sua opinião e as suas sugestões nas reuniões com a gerência, uma vez que está em contato direto com os clientes. • Manter um bom relacionamento com os clientes.

Quadro 2.5 – Descrição do cargo de garçom

DESCRIÇÃO DE CARGOS	
Cargo	Garçom
Setor	Atendimento a clientes
Requisitos mínimos para a contratação	• 2º grau completo. • Experiência mínima de um ano como garçom. • Saber lidar com as pessoas e tentar ajudá-las. • Criatividade e simpatia. • Facilidade de comunicação. • Ter boa postura e relacionamento interpessoal. • Ter conhecimentos básicos em informática.

(continua)

(Quadro 2.5 – conclusão)

	DESCRIÇÃO DE CARGOS
Descrição sumária das atividades	• Atender aos clientes, oferecer um atendimento de qualidade com rapidez, informar aos clientes a respeito de promoções e ajudar o cliente a fazer o seu pedido quando necessário.
Descrição detalhada das atividades	• Atender aos clientes do estabelecimento com agilidade e qualidade. • Perguntar aos clientes quais as suas necessidades. • Transmitir os pedidos para a cozinha. • Informar aos clientes o sistema da casa e as promoções. • Dar a sua opinião e as sugestões nas reuniões com a gerência, uma vez que está em contato direto com os clientes. • Manter um bom relacionamento com os clientes.

Quadro 2.6 – Descrição do cargo de supervisor de cozinha

	DESCRIÇÃO DE CARGOS
Cargo	Supervisor de cozinha
Setor	Atendimento aos clientes
Requisitos mínimos para a contratação	• 2º grau completo. • Experiência mínima de três anos. • Espírito de liderança. • Rapidez e organização. • Conhecer e saber supervisionar pratos e aperitivos de qualidade. • Habilidade no preparo de pratos e aperitivos.
Descrição sumária das atividades	• Supervisionar e auxiliar a preparação dos pratos e dos aperitivos que serão oferecidos aos clientes, verificar se os pratos ou os aperitivos preparados estão sendo feitos com rapidez e qualidade.
Descrição detalhada das atividades	• Acompanhar o tempo de preparo dos pratos e dos aperitivos. • Acompanhar a qualidade dos pratos e dos aperitivos preparados. • Auxiliar no preparo quando necessário. • Verificar se os pedidos estão sendo preparados por ordem de pedido efetuado. • Dar a opinião e as sugestões nas reuniões com a gerência sobre os pratos e os aperitivos que poderiam ser inseridos no cardápio e quais os meios para tornar o atendimento mais ágil.

Quadro 2.7 – Descrição do cargo de cozinheiro

	DESCRIÇÃO DE CARGOS
Cargo	Cozinheiro
Setor	Atendimento aos clientes
Requisitos mínimos para a contratação	• 1º grau completo. • Experiência mínima de três anos. • Habilidade no preparo de pratos e aperitivos.

(continua)

(Quadro 2.7 – conclusão)

DESCRIÇÃO DE CARGOS	
Descrição sumária das atividades	• Preparar os pratos e os aperitivos que serão oferecidos.
Descrição detalhada das atividades	• Preparar os pratos e os aperitivos que serão oferecidos com rapidez e qualidade.

Quadro 2.8 – Descrição do cargo de *barman*

DESCRIÇÃO DE CARGOS	
Cargo	Barman
Setor	Atendimento aos clientes
Requisitos mínimos para a contratação	• 1º grau completo. • Experiência mínima de dois anos. • Habilidade no preparo de drinks.
Descrição sumária das atividades	• Preparo de bebidas em geral.
Descrição detalhada das atividades	• Preparar drinks, sucos e bebidas quentes. • Separar as bebidas que são pedidas pelos clientes por ordem de pedido com rapidez.

Quadro 2.9 – Descrição do cargo de encarregado de limpeza

DESCRIÇÃO DE CARGOS	
Cargo	Encarregado de limpeza
Setor	Atendimento aos clientes
Requisitos mínimos para a contratação	• 1º grau completo. • Experiência mínima de um ano. • Organização e rapidez.
Descrição sumária das atividades	• Manter o ambiente limpo e com boas condições de higiene e limpeza.
Descrição detalhada das atividades	• Limpar as áreas restritas a funcionários, como escritório, cozinha etc. • Manter limpos as mesas, as cadeiras, os balcões de atendimento e os banheiros. • Limpar diariamente o piso das áreas destinadas aos clientes.

Quadro 2.10 – Descrição do cargo de caixa

DESCRIÇÃO DE CARGOS	
Cargo	Caixa
Setor	Administrativo-financeiro
Requisitos mínimos para a contratação	<ul><li>2º grau completo.</li><li>Experiência mínima de dois anos.</li><li>Habilidade na operacionalização de máquinas registradoras e equipamentos de informática.</li><li>Saber lidar com as pessoas e tentar ajudá-las.</li><li>Facilidade de comunicação.</li><li>Ter boa postura e relacionamento interpessoal.</li></ul>
Descrição sumária das atividades	<ul><li>Efetuar o recebimento de valores das comandas dos clientes e lançá-los no sistema financeiro da empresa.</li></ul>
Descrição detalhada das atividades	<ul><li>Utilizar as comandas dos clientes e efetuar o recebimento por meio de cheques, cartões de débito ou crédito e dinheiro.</li><li>Efetuar a contagem de numerário recebido (em dinheiro). Fornecer troco, se houver, e carimbar "pago" nas comandas.</li><li>Registrar os valores recebidos via cartão, dinheiro e cheque no sistema financeiro da empresa.</li></ul>

Quadro 2.11 – Descrição do cargo de auxiliar administrativo

DESCRIÇÃO DE CARGOS	
Cargo	Auxiliar administrativo
Setor	Administrativo-financeiro
Requisitos mínimos para a contratação	<ul><li>2º grau técnico em Administração.</li><li>Experiência mínima de dois anos.</li><li>Conhecimentos avançados em informática, sistemas operacionais e fluxo de caixa.</li></ul>
Descrição sumária das atividades	<ul><li>Lançamento de contas a pagar no sistema financeiro.</li></ul>
Descrição detalhada das atividades	<ul><li>Lançamento de contas a pagar da empresa.</li><li>Controle e conferência de estoques.</li><li>Pedido de produtos a comprar autorizados pela gerência.</li><li>Pesquisar preços de mercadorias para compras.</li></ul>

2.4 Plano de operações

2.4.1 Administração financeira e de *marketing* da empresa

A administração financeira e de *marketing* da empresa ficará a cargo do gerente administrativo-financeiro. Ele deve analisar o faturamento obtido em sua respectiva área, analisar o fluxo de caixa, controlar as contas a pagar e as contas a receber, analisar a viabilidade das promoções oferecidas, observando os custos fixos e os variáveis, supervisionar o alcance dos objetivos financeiros traçados, determinar os preços por meio da observação dos custos e estabelecer estratégias de *marketing* para a empresa. Os resultados obtidos pelos dois gerentes setoriais são repassados para a diretoria para a análise e a tomada de decisões.

Todos os funcionários do setor de atendimento podem dar sugestões ao gerente de atendimento, que repassará os resultados ao gerente administrativo-financeiro e de *marketing* em reuniões regulares.

A estratégia de divulgação da empresa será implementada por meio de comunicação como *spots* em rádio e notas em revistas de grande circulação na cidade direcionadas a jovens. Assim, o objetivo da gerência de *marketing* é alcançar uma grande parcela do público-alvo, divulgando os diferenciais da empresa em relação aos estabelecimentos concorrentes.

2.4.2 Administração comercial

A administração de atendimento da empresa será feita pelo gerente de atendimento. Ele será responsável por criar estratégias para buscar a excelência no atendimento.

O gerente de atendimento e sua equipe devem buscar atender cordialmente aos clientes, fazer uma prévia apresentação do estabelecimento, informar a respeito de promoções, perguntar aos clientes se estão satisfeitos e se desejam ajuda na escolha de um pedido, além de pedir sugestões. É um setor de extrema importância para a satisfação dos clientes.

2.4.3 Recursos materiais

Os recursos materiais são aqueles necessários para a instalação da empresa: móveis em geral, equipamentos, materiais de escritório, utensílios de cozinha, entre outros. Esses materiais e equipamentos estão diretamente relacionados ao investimento inicial que a empresa deverá realizar para começar as suas atividades.

Relacionaremos, a seguir, separados por grupos, os principais recursos materiais necessários para o início das atividades da empresa.

Setor de atendimento

Móveis e equipamentos:

- 1 balcão em madeira para acomodar as bebidas e para os *barmen* e os garçons prestarem atendimento aos clientes;
- 40 mesas em madeira, com quatro assentos cada, medindo 1 m de comprimento por 1,1 m de largura;
- 4 prateleiras atrás do balcão, para a exposição de bebidas e itens semelhantes;
- 2 balcões com pias para a lavagem de copos e de louças em geral;
- 5 *freezers* para cervejas e bebidas em geral;
- 1 balcão para o caixa, em madeira e fórmica;
- 2 cadeiras para o caixa;
- 2 cristaleiras para o bar, para acomodar copos e taças;
- 4 balcões em mármore para o lavatório dos sanitários.

Utensílios:

- copos;
- taças;
- jarras para suco e/ou vinho;
- xícaras;

- pratos e talheres;
- outros utensílios.

Outros equipamentos:

- 1 computador, para o atendimento no caixa;
- 4 máquinas de cartões de débito e crédito;
- 1 impressora de cheques;
- 1 impressora de comprovante de pagamentos;
- 1 *nobreak*;
- 2 aparelhos de telefone;
- 1 ar-condicionado central;
- 8 caixas acústicas para equipamento de som;
- 1 amplificador;
- 1 mesa equalizadora;
- 1 *receiver* com CD;
- 4 aparelhos de TV 32 polegadas – *stereo*;
- 1 aparelho de DVD;
- 6 liquidificadores para a preparação de bebidas;
- 1 multiprocessador;
- 1 geladeira;
- 1 máquina de sucos.

Área **administrativa**

Móveis:

- 3 mesas em madeira com 4 gavetas;
- 3 cadeiras giratórias estofadas;
- 4 cadeiras estofadas;
- 2 armários de madeira com divisórias;
- 1 arquivo de ferro para acomodar documentos.

Equipamentos:

- 3 computadores;
- 1 impressora *laser*;
- 1 impressora jato de tinta;
- 1 *nobreak* (bateria auxiliar com carregador para computador);
- 1 sistema de alarme antifurto com monitoração;
- 4 sensores para sistema de alarme;
- 3 aparelhos de telefone;
- 1 aparelho de *fax*;
- 1 leitor óptico;
- 1 aparelho de ar-condicionado central;
- 2 calculadoras financeiras HP-12C.

Materiais de escritório:

- canetas;
- lápis;
- marca-textos;
- corretivos;
- colas;
- borrachas;
- tesouras;
- papel A4 – 1 resma;
- grampeadores;
- réguas;
- grampos;
- carimbos;
- almofadas para carimbos;
- calculadoras manuais;
- envelopes pequenos;
- envelopes grandes;
- sacos plásticos;
- furadores;

- clipes pequenos;
- clipes grandes;
- pastas com plásticos;
- pastas para arquivo;
- extratores de grampos;
- blocos de anotações;
- cartões personalizados da empresa.

Área de preparação de lanches

Móveis:

- 2 mesas grandes;
- 2 balcões com pia para lavar louças;
- 2 armários em madeira para armazenar as louças;
- 2 armários em madeira para armazenar os alimentos que podem ficar fora da geladeira;
- 4 cadeiras;
- 1 suporte em madeira para colocar frutas;
- 1 suporte em madeira pra colocar um filtro de água mineral;
- 1 balcão em mármore para a preparação de massas.

Equipamentos:

- 1 fogão industrial;
- 1 *freezer*;
- 1 geladeira;
- 1 frigideira elétrica;
- 1 forno de micro-ondas;
- 1 forno elétrico;
- 2 liquidificadores;
- 1 microprocessador;
- 1 aparelho de telefone;
- 1 máquina de lavar copos.

Utensílios:

- 2 escorredores de louças;
- talheres de todos os tipos e tamanhos;
- copos;
- jarras;
- pratos;
- travessas para servir porções;
- tábuas para cortar os alimentos;
- panelas de tamanho grande;
- assadeiras;
- entre outros.

2.4.4 Recursos tecnológicos

Os recursos tecnológicos adotados terão a função de facilitar e agilizar o atendimento e o gerenciamento da empresa pelos administradores.

Citaremos, a seguir, os principais recursos tecnológicos que serão utilizados:

- Sistema de informações geradas por um *software* gerencial, para controle de contas a pagar e a receber, relatórios financeiros e contábeis e banco de dados de clientes.
- Sistema informatizado que possibilitará o controle de estoques, pedido de compras e faturamento. Esse sistema também auxiliará na agilidade do atendimento, pois o pedido será registrado num aparelho que marcará o tempo decorrido entre o pedido e a entrega, na mesa, dos itens escolhidos.
- Será criada uma página na internet, a fim de nos aproximarmos mais de nosso cliente, divulgando a empresa por meio da publicação de promoções e fotos do estabelecimento disponibilizando um espaço/*link* para sugestões ou reclamações.

- O acesso à internet será por meio de uma conexão banda larga, para agilizar os processos.
- Um sistema de segurança monitorado por meio de câmeras estará ligado ininterruptamente. Durante os horários em que o estabelecimento estiver vazio, será utilizado um alarme que funciona por meio de sensores e que, automaticamente, entra em contato com uma empresa de segurança (ligação telefônica) se for detectado algum movimento no estabelecimento.

Plano de *marketing*

3.1 Análise de mercado

No ano 1842, Curitiba, que era uma vila, passou à categoria de cidade. O Paraná de então ainda era uma comarca de São Paulo, sendo que sua emancipação para Província do Paraná se deu somente em 19 de dezembro de 1853. Curitiba tornou-se a capital dessa província em 26 de julho de 1854, quando tinha 5.819 habitantes.

A origem do nome *Curitiba* deve-se à prodigiosa quantidade de araucárias (pinheiro-do-Paraná) que crescem em seus arredores. Em língua indígena tupi-guarani, *curii-tyba* significa "muito pinhão" ou "muito pinheiro".

A partir do século XIX, com a emancipação política do Paraná e o incentivo governamental à colonização, Curitiba foi transformada pela intensa imigração de europeus. Alemães, franceses, suíços, austríacos, poloneses, italianos e ucranianos, nos centros urbanos ou nos núcleos coloniais, conferiram um novo ritmo de crescimento à cidade e influenciaram de forma marcante os hábitos e os costumes locais.

Além dos europeus, Curitiba passou a receber uma grande quantidade de imigrantes asiáticos, que também a transformaram em muitos aspectos. Todos esses imigrantes contribuíram para a formação da estrutura populacional, econômica, social e cultural da cidade. É importante ressaltar que, até o século XVIII, os habitantes da cidade eram índios, mamelucos, portugueses e espanhóis.

Os imigrantes contribuíram para uma diversificação de interesses da população tradicional, o que culminou com a criação e o início da aplicação da tecnologia na agricultura, a construção de ferrovias e rodovias e, também, o surgimento de uma mentalidade sindical e cooperativista, exemplificada pelas associações instituídas na época e suas "caixas de socorro". Também na arquitetura houve uma mudança radical: basta andarmos pelas ruas da cidade para vermos igrejas de cúpulas bizantinas, casas com lambrequins e outras construções que são uma influência da imigração.

Por meio de três grandes planos urbanos – pós-província, com Taulois; dos anos 1940, com Agache; e Seret/IPPUC de 1965/1970 –, Curitiba promoveu grandes transformações nas esferas urbana, cultural, ambiental e econômica. Nesse processo, organizou sua estrutura viária, disciplinou a ocupação do solo, montou um sistema eficiente de transporte coletivo, implantou um importante programa de proteção ao meio ambiente e atingiu níveis invejáveis de qualidade de vida.

Situada na Região Sul do Brasil, latitude 25°25'48" sul e longitude 49°16'15" oeste, Curitiba ocupa uma área de 432,14 km² e sua altitude média é de 934,6 m acima do nível do mar. O clima é temperado, com temperaturas médias de 21° C, no verão, e de 13° C, no inverno.

Capital ecológica, com 26 grandes parques e bosques, centenas de praças e jardinetes, a cidade conta com o maior parque urbano do Brasil: o Parque Regional do Iguaçu, com oito milhões de metros quadrados. Ostenta o índice de 52 m² de área verde por habitante, o que, somado a programas de educação ambiental e reciclagem do lixo, deu-lhe o título de "Capital Ecológica do Brasil".

O transporte coletivo de Curitiba é reconhecido internacionalmente por soluções inovadoras, algumas premiadas pela Organização das Nações Unidas (ONU); a circulação pela cidade é rápida e segura, garantida por um sistema trinário de vias, com canaletas exclusivas para o transporte coletivo, com os ônibus da linha direta, os populares "ligeirinhos", as estações-tubo e os ônibus biarticulados, que transportam, cada um, 270 passageiros.

Atualmente, a cidade possui 318 anos e é moderna, com uma economia baseada em indústrias de transformação e beneficiamento, comércio, turismo e prestação de serviços. Com um Produto Interno Bruto (PIB) de R$ 16,3 bilhões/ano, tem renda *per capita* de aproximadamente US$ 8 mil/ano, bem maior que a média nacional, de US$ 5 mil/ano. A cidade se prepara para o futuro investindo na geração de empregos, no atendimento social e na preservação de sua identidade cultural.

Comércio e serviços

Ao longo de sua história, Curitiba sempre se destacou como uma cidade onde o comércio e os serviços tiveram um papel fundamental no desenvolvimento econômico e na geração de trabalho, emprego e renda.

Na década de 1970 e na segunda metade da década de 1990, Curitiba atraiu investimentos industriais de grande porte, visando à integração da economia regional no processo produtivo nacional e internacional.

Atualmente, Curitiba vivencia a diversificação de sua economia pelo desempenho do comércio e do setor de serviços e pela incorporação, geração e irradiação de tecnologias em diferentes níveis de serviços especializados. A cidade tem vivido a consolidação de um polo de comércio e de serviços tecnológicos modernos.

Analisando a origem dos habitantes de Curitiba, constata-se que mais de 50% da população não nasceu na cidade, mas migrou para ela. Se por um lado isso gera um caldo de cultura própria, por outro pode acarretar problemas peculiares de desequilíbrios sociais no presente e no futuro.

O turismo na cidade de Curitiba também oferece grandes oportunidades para o setor de serviços. Segundo a Associação Comercial do Paraná (ACP), a cidade se tornou referência em turismo no Paraná, mas não aproveita o potencial deste para ativar a economia. A capital paranaense, nos últimos anos, tornou-se a cidade mais visitada no Paraná, superando até Foz do Iguaçu, tradicional ponto turístico do estado. Dados oficiais mostram que, em 2006, Curitiba recebeu cerca de 1,5 milhão de turistas, praticamente o dobro de Foz do Iguaçu, visitada por aproximadamente 780 mil pessoas.

Segundo o Sebrae-PR, Curitiba mostra um crescimento constante do número de turistas que visitam a cidade. De 2004 a 2006, esse número cresceu 58%, sendo que, de 2005 (1.437.053 turistas) para 2006 (1.663.784 turistas), o aumento foi de 16%.

Gráfico 3.1 – Entrada de turistas em Curitiba

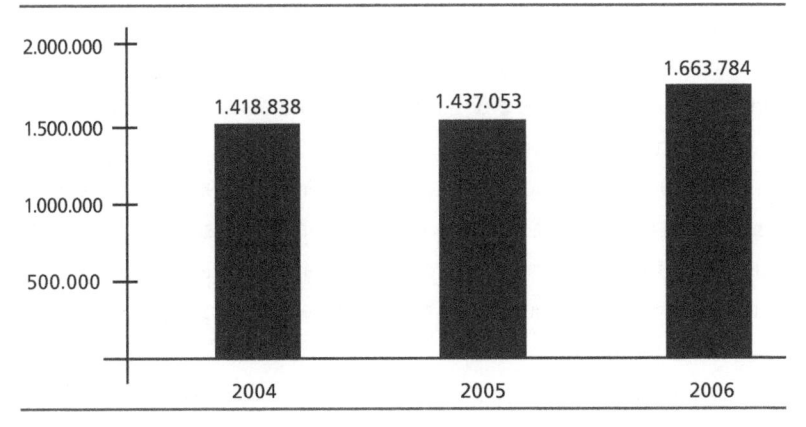

- 2004: 1.418.838
- 2005: 1.437.053
- 2006: 1.663.784

Fonte: Sebrae-Pr, 2005.

Gráfico 3.2 – Procedência dos turistas de Curitiba

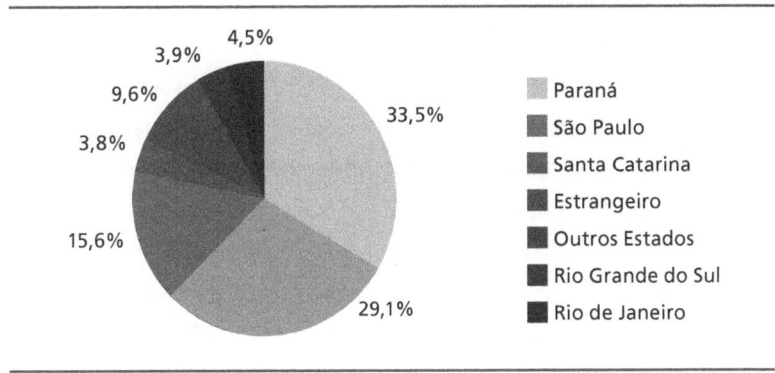

- Paraná: 33,5%
- São Paulo: 29,1%
- Santa Catarina: 15,6%
- Estrangeiro: 3,8%
- Outros Estados: 9,6%
- Rio Grande do Sul: 3,9%
- Rio de Janeiro: 4,5%

Fonte: Xavier, 2007.

Segundo o *Jornal do Aeroporto* de março de 2006, na reportagem *Aumento de passageiros de voos internacionais*, o Aeroporto Internacional Afonso Pena, de Curitiba, registrou, em 2005, um aumento do número de passageiros de voos internacionais. No ano de 2005, foi registrado o embarque de 29.022 passageiros, 41% a mais que em 2004, quando foram embarcadas 20.620 pessoas. Já no desembarque, os números são ainda mais animadores: foram contabilizados 22.463 passageiros que desceram no Afonso Pena, um aumento de 283% com relação a 2004, que registrou o número de 5.865 pessoas.

No primeiro bimestre de 2006, novamente foi registrado um crescimento no fluxo de passageiros internacionais. De acordo com os dados do Departamento de Operações, nesse período passaram pelo aeroporto 12.076 entre embarcados e desembarcados, um aumento de 209% com relação ao mesmo período em 2005.

Em 2005, os negócios foram o principal motivo das viagens à capital paranaense (38,5%), seguido de visita de parentes e amigos (23%). Em Curitiba, o turismo de negócios cresce gradativamente devido à infraestrutura já existente, à localização estratégica e aos bons índices de desenvolvimento da cidade.

De acordo com a Organização Mundial do Turismo (OMT), o turismo é considerado hoje a principal atividade econômica do mundo. Trata-se de um mercado que movimenta mais de US$ 4 trilhões por ano – US$ 45,2 bilhões no Brasil – e que gera, a cada US$ 1 milhão, cerca de 70 empregos diretos e indiretos.

Além disso, a capital paranaense foi eleita pela revista especializada *Viagem e Turismo* como a quarta melhor cidade para se visitar no Brasil e escolhida por três vezes pela revista *Exame* como o melhor município para se fazer negócios no país.

Segundo o ex-diretor da Secretaria de Turismo de Curitiba, Carlos Azevedo, os eventos realizados na cidade têm grande sucesso porque "não há praia para desviar a atenção dos participantes, há boa infraestrutura e a cidade é um polo macrorregional", afirma. "Mas o mais importante é a mídia positiva de imagem", completa.

O gasto médio diário de um turista de lazer é de R$ 120,00. Esse valor sobe para R$ 320,00 quando o visitante está na cidade a negócios. "A população contribui para o município de forma deficitária. Quem traz o dinheiro extra é o turista, porque além de gastar na cidade, não demanda infraestrutura do município", comenta o ex-diretor. Se 1,5 milhão de pessoas visita Curitiba por ano e se, por dia, cada uma delas gastar R$ 120,00, o lucro líquido do município será de cerca de R$ 27 milhões ao ano, com base numa alíquota média de 15% de impostos.

Para Azevedo, a cidade possui uma série de atrações turísticas, quase todas construídas, como os parques e os seus monumentos agregados. Mas o turista quer fazer outras coisas à noite, além de ir a restaurantes. Nesse caso, ele não tem muitas opções.

Características da população de Curitiba

A região metropolitana de Curitiba apresenta uma população de aproximadamente 3.251.168 habitantes, segundo fontes fornecidas pelo IBGE (2000). A seguir, encontram-se tabelas[1] com informações a respeito da população:

Tabela 3.1 – População do município de Curitiba (1991-2000)

	1991	1996	2000
População	1.315.035	1.476.253	1.587.315

Fonte: IBGE, 2000.

A taxa de crescimento anual foi de 1,83% e, no ano de 2000, a população masculina representava 47,93% e a feminina, 52,07%.

Tabela 3.2 – Percentual da população de Curitiba por cor ou raça

Pop. Total	Branca	Preta	Amarela	Parda	Indígena
(%)	84,38	2,48	1,07	11,31	0,32

Fonte: Ippuc, 2011.

Tabela 3.3 – Rendimento da população de Curitiba

Rendimento	Valor médio do rendimento	N° de pessoas
Pessoas com rendimento	R$ 1.122,25	873.079
Homens com rendimento	R$ 1.395,94	498.191
Mulheres com rendimento	R$ 805,77	404.888

Fonte: IBGE, 2000.

---

1 Os dados que serão apresentados foram extraídos dos sites do Instituto Brasileiro de Geografia - IBGE (www.ibge.gov.br), do Ministério do Trabalho e Emprego - MTE (www.mte.gov.br) e da Relação Anual de Informações Sociais - Rais (www.rais.gov.br).

Tabela 3.4 – Percentual de população economicamente ativa (PEA) e não economicamente ativa

População economicamente ativa e não economincamente ativa	Percentual
Pessoas de 10 anos ou mais de idade economicamente ativas	62,38%
Mulheres de 10 anos ou mais de idade economicamente ativas	27,85%
Homens de 10 anos ou mais de idade economicamente ativos	24,54%
Pessoas de 10 anos ou mais de idade não economicamente ativas	37,62%
Mulheres de 10 anos ou mais de idade não economicamente ativas	24,83%
Homens de 10 anos ou mais de idade não economicamente ativos	12,79%

Fonte: IBGE, 2000.

Tabela 3.5 – Percentual do nível de escolaridade da população do município de Curitiba

Nível de escolaridade	Percentual
Pessoas que frequentavam creche	3,9%
Pessoas que frequentavam pré-escola ou classe de alfabetização	8,25%
Pessoas que frequentavam alfabetização de adultos	0,35%
Pessoas que frequentavam ensino fundamental	50,59%
Pessoas que frequentavam o ensino médio	19,89%
Pessoas que frequentavam o pré-vestibular	2,16%
Pessoas que frequentavam o superior de graduação	13,89%
Pessoas que frequentavam o mestrado ou o doutorado	0,97%
Total	100%

Fonte: IBGE, 2000.

Tabela 3.6 – População e domicílios – censo 2000 – Curitiba

População e domicílios – censo 2000 com divisão territorial 2001	
Pessoas residentes – resultados da amostra – municípios vigentes em 2001	1.587.315 habitantes
Pessoas residentes – 10 anos ou mais de idade – municípios vigentes em 2001	1.328.398 habitantes
Mulheres residentes – 10 anos ou mais de idade – municípios vigentes em 2001	699.706 habitantes
Homens residentes – 10 anos ou mais de idade – municípios vigentes em 2001	628.692 habitantes
Pessoas residentes – frequência à creche ou à escola – municípios vigentes em 2001	492.399 habitantes
Pessoas residentes – 10 anos ou mais de idade – sem instrução e menos de 1 ano de estudo – municípios vigentes em 2001	48.257 habitantes
Pessoas residentes – 10 anos ou mais de idade – rendimento nominal mensal – até 1 salário mínimo – municípios vigentes em 2001	97.062 habitantes

(continua)

(Tabela 3.6 – Continuação)

População e domicílios – censo 2000 com divisão territorial 2001	
Pessoas residentes – 10 anos ou mais de idade – rendimento nominal mensal – mais de 1 a 2 salários mínimos – municípios vigentes em 2001	176.011 habitantes
Pessoas residentes – 10 anos ou mais de idade – rendimento nominal mensal – mais de 2 a 3 salários mínimos – municípios vigentes em 2001	124.435 habitantes
Pessoas residentes – 10 anos ou mais de idade – rendimento nominal mensal – mais de 3 a 5 salários mínimos – municípios vigentes em 2001	157.219 habitantes
Pessoas residentes – 10 anos ou mais de idade – rendimento nominal mensal – mais de 5 a 10 salários mínimos – municípios vigentes em 2001	169.485 habitantes
Pessoas residentes – 10 anos ou mais de idade – rendimento nominal mensal – mais de 10 a 20 salários mínimos – municípios vigentes em 2001	89.403 habitantes
Pessoas residentes – 10 anos ou mais de idade – rendimento nominal mensal – mais de 20 salários mínimos – municípios vigentes em 2001	59.464 habitantes
Pessoas residentes – 10 anos ou mais de idade – rendimento nominal mensal – sem rendimento – municípios vigentes em 2001	455.319 habitantes
Pessoas residentes – 10 anos ou mais de idade – com rendimento – municípios vigentes em 2001	873.079 habitantes
Homens residentes – 10 anos ou mais de idade – com rendimento – municípios vigentes em 2001	468.191 habitantes
Mulheres residentes – 10 anos ou mais de idade – com rendimento – municípios vigentes em 2001	404.888 habitantes
Rendimento nominal – pessoas residentes – 10 anos ou mais de idade – com rendimento – médio mensal – municípios vigentes em 2001	1.122,25 reais
Rendimento nominal – homens residentes – 10 anos ou mais de idade – com rendimento – médio mensal – municípios vigentes em 2001	1.395,94 reais
Rendimento nominal – mulheres residentes – 10 anos ou mais de idade – com rendimento médio mensal – municípios vigentes em 2001	805,77 reais
Domicílios particulares permanentes – resultados da amostra – municípios vigentes em 2001	470.964 domicílios
Domicílios particulares permanentes – com rendimento domiciliar – municípios vigentes em 2001	460.739 domicílios
Famílias residentes – domicílios particulares – municípios vigentes em 2001	495.243 famílias
Pessoas residentes – 10 anos ou mais de idade – sem instrução e menos de 1 ano de estudo – municípios vigentes em 2001	48.257 habitantes
Pessoas residentes – 10 anos ou mais de idade – de 1 a 3 anos de estudo – municípios vigentes em 2001	128.671 habitantes
Pessoas residentes – 10 anos ou mais de idade – de 4 a 7 anos de estudo – municípios vigentes em 2001	376.489 habitantes
Pessoas residentes – 10 anos ou mais de idade – de 8 a 10 anos de estudo – municípios vigentes em 2001	266.138 habitantes
Pessoas residentes – 10 anos ou mais de idade – de 11 a 14 anos de estudo – municípios vigentes em 2001	351.607 habitantes

(Tabela 3.6 – Conclusão)

População e domicílios – censo 2000 com divisão territorial 2001	
Pessoas residentes – 10 anos ou mais de idade – 15 anos ou mais de estudo – municípios vigentes em 2001	150.584 habitantes
Pessoas residentes – 0 a 3 anos – municípios vigentes em 2001	174.723 habitantes
Pessoas residentes – 4 anos – municípios vigentes em 2001	45.808 habitantes
Pessoas residentes – 5 e 6 anos – municípios vigentes em 2001	90.333 habitantes
Pessoas residentes – 7 a 9 anos – municípios vigentes em 2001	133.882 habitantes
Pessoas residentes – 10 a 14 anos – municípios vigentes em 2001	233.618 habitantes
Pessoas residentes – 15 a 17 anos – municípios vigentes em 2001	149.922 habitantes
Pessoas residentes – 18 a 19 anos – municípios vigentes em 2001	113.708 habitantes
Pessoas residentes – 20 a 24 anos – municípios vigentes em 2001	272.840 habitantes
Pessoas residentes – 25 a 29 anos – municípios vigentes em 2001	247.088 habitantes
Pessoas residentes – 30 a 39 anos – municípios vigentes em 2001	456.569 habitantes
Pessoas residentes – 40 a 49 anos – municípios vigentes em 2001	357.738 habitantes
Pessoas residentes – 50 a 59 anos – municípios vigentes em 2001	220.807 habitantes
Pessoas residentes – 60 a 64 anos – municípios vigentes em 2001	74.556 habitantes

Fonte: IBGE, 2000.

Tabela 3.7 – Número de estabelecimentos e empregos nos setores

Setor	N° de estabelecimentos	N° de empregos no setor
Indústria	6.471	105.769
Comércio	51.233	89.259
Serviços	59.553	375.607

Fonte: MTE/Rais – CIC 08/2002.

O mercado que envolve a região metropolitana de Curitiba é promissor, visto que boa parte da população curitibana e dos turistas que visitam a cidade busca, cada vez mais, o setor de animação noturna (grupo contínuo de cafés, danceterias e estabelecimentos com música).

3.2 O setor

3.2.1 Aspectos demográficos

Em relação aos aspectos demográficos, Curitiba é uma cidade que oferece grandes oportunidades no setor de entretenimento e animação noturna, uma vez que é uma metrópole que concentra muito mais atrativos em relação às demais cidades do Paraná. A cidade atrai estudantes de todo o estado e de várias localidades do país, devido à qualidade, principalmente, do ensino superior local. Além disso, migrantes de todo o país buscam oportunidades de emprego na cidade, devido à sua fama de "capital ecológica" do Brasil e ao modelo de desenvolvimento urbano e de qualidade de vida que oferece para seus habitantes.

Podemos considerar, ainda, outra grande oportunidade: o crescimento do turismo, já que, nos últimos anos, Curitiba tornou-se a cidade mais visitada do Paraná, surgindo, aí, um grande mercado potencial para o setor de entretenimento.

3.2.2 Aspectos econômicos

Outro fator que provoca aumento das necessidades dos consumidores de Curitiba é a diminuição na taxa de desemprego da capital. A região metropolitana de Curitiba registrou queda no número de pessoas desocupadas no mês de dezembro de 2006 em relação a novembro do mesmo ano, segundo a Pesquisa Mensal de Emprego (PME) divulgada pelo Instituto Paranaense de Desenvolvimento Econômico e Social (Ipardes). De acordo com a pesquisa, realizada em parceria com o IBGE, a taxa de desocupação caiu de 8% para 7,2%. Com isso, o número de desempregados diminuiu de 112 mil para 100 mil.

Em comparação com as outras seis regiões metropolitanas pesquisadas pelo IBGE, a grande Curitiba se manteve como uma das que possui menor taxa de desemprego, atrás somente da região de Porto Alegre, que apresentou taxa de 6,6%. Em seguida, ficaram Rio de Janeiro e Belo Horizonte (ambas com 8,5%), São Paulo (9,8%), Recife (11,1%) e Salvador (15,4%). A média nacional ficou em 9,6%.

A taxa de juros também influencia, uma vez que diminui o poder aquisitivo da população, estagnando o mercado. As tendências atuais são de juros em queda, visto que a inflação está sob controle. Isso pode influenciar o mercado e, por esse motivo, torna-se necessário o acompanhamento constante da situação econômica.

Tendências políticas e forças legais

Vivemos uma estabilidade política que, se mantida, pode favorecer o Music Hall Bar no sentido da manutenção das atuais linhas de gestão pública.

Algumas tendências políticas podem afetar diretamente o mercado. As prioridades de determinado governo em votar reformas (tributária, fiscal ou previdenciária), medidas provisórias ou mudanças na legislação federal, estadual e municipal podem afetar diretamente as atividades da empresa, bem como as linhas de gestão de cada governante, as quais influenciam todo o mercado e as decisões dos agentes deste.

As eleições, sejam elas em nível nacional, estadual ou municipal, também alteram o mercado e provocam uma instabilidade.

Mudanças na tecnologia

Com o advento da globalização, mudanças tecnológicas afetam grande parte das pessoas, até mesmo o mercado em que o Music Hall Bar está inserido. Em relação aos produtos eletrônicos, a tecnologia é muito dinâmica, tornando-os defasados rapidamente. Essa empresa terá como um dos principais atrativos a música e, como constantemente surgem equipamentos de som mais modernos e com mais funções e utilidades, será necessário atualizar esses equipamentos antes que se tornem defasados.

O conforto e a praticidade agregados ao custo tornam a tecnologia um instrumento fundamental para a constante satisfação dos clientes.

Além dos equipamentos de música, é necessário investir em ferramentas para pagamento, como máquinas de cartões de crédito e de débito e meios eletrônicos de pagamento que tragam comodidade e benefício a nossos clientes. Também é necessário criar uma página na internet, a fim de que novos consumidores conheçam nosso estabelecimento.

No entanto, utilizar produtos com tecnologia de ponta pode envolver alguns riscos, como o risco técnico. Se a tecnologia utilizada for muito nova, torna-se difícil a previsão da maioria dos fatores de risco, desde recursos técnicos necessários até a dificuldade na utilização desses equipamentos. Outro risco importante, relacionado ao período de vida útil, é o de obsolescência: falhas no sistema podem reduzir ainda mais a vida útil do equipamento.

Tendências culturais

Algumas mudanças nas características demográficas da região podem afetar o negócio. Nosso principal mercado-alvo são os jovens e os adultos, sendo que mudanças nos costumes, nos estilos musicais e nas formas de entretenimento podem prejudicar ou beneficiar a aceitação de nosso negócio.

A propaganda também pode se tornar ineficaz, caso não considere os costumes e a cultura da região, principalmente do público-alvo. Atualmente, os meios de promoção mais eficazes seriam *spots* em rádio, inserção em TV, revistas da região, jornais de grande circulação, entre outros.

A pesquisa mercadológica

Análise da pesquisa

Após a realização de uma pesquisa de campo com 130 entrevistados na cidade de Curitiba, podemos identificar, por meio das tabelas e dos gráficos a seguir, o tamanho da clientela-alvo e suas características, como o perfil dos consumidores, as preferências, os hábitos de lazer noturno, os preços que estes clientes-alvo estão dispostos a pagar, entre outras características importantes para determinar as estratégias de segmentação de mercado e o plano financeiro.

Faixa etária

Tabela 3.8 – Idade dos entrevistados

Idade	Nº de entrevistados	Percentual (%) sobre o total
Até 15 anos	3	2,31
Entre 15 e 35 anos	97	74,62
Entre 36 e 50 anos	27	20,77
Acima de 50 anos	3	2,31
TOTAL	130	100

Gráfico 3.3 – Idade dos entrevistados

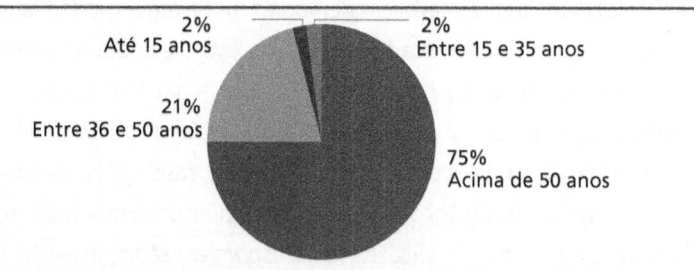

- 2% Até 15 anos
- 2% Entre 15 e 35 anos
- 21% Entre 36 e 50 anos
- 75% Acima de 50 anos

Por meio desse gráfico, podemos identificar que grande parte do público-alvo possui entre 15 e 35 anos.

Renda mensal

Tabela 3.9 – Renda mensal dos entrevistados

Renda mensal dos entrevistados	Nº de entrevistados	Percentual (%) sobre o total
Até R$ 600,00	29	22,31
Entre R$ 600,01 e R$ 1.200,00	54	41,54
Entre R$ 1.200,01 e R$ 3.000,00	35	26,92

(Tabela 3.9 – Conclusão)

Renda mensal dos entrevistados	Nº de entrevistados	Percentual (%) sobre o total
Entre R$ 3.000,01 e R$ 5.000,00	9	6,92
Acima de R$ 5.000,00	3	2,31
TOTAL	130	100

Gráfico 3.4 – Renda mensal dos entrevistados

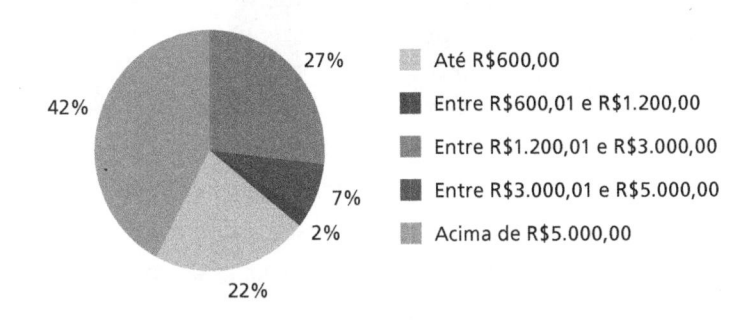

- 27% — Até R$600,00
- 42% — Entre R$600,01 e R$1.200,00
- 22% — Entre R$1.200,01 e R$3.000,00
- 7% — Entre R$3.000,01 e R$5.000,00
- 2% — Acima de R$5.000,00

O Gráfico 3.4 demonstra que a maioria dos entrevistados possui renda entre R$ 600,00 (seiscentos reais) e R$ 1.200,00 (mil e duzentos reais), e a segunda maior parte deles possui renda entre R$ 1.200,01(mil e duzentos reais) e R$ 3.000,00 (três mil reais).

Nível de escolaridade

Tabela 3.10 – Nível de escolaridade dos entrevistados

Nível de escolaridade dos entrevistados	Nº de entrevistados	Percentual (%) sobre o total
Ensino fundamental	3	2,31
Ensino médio	25	19,23
Ensino superior	87	66,92
Especialização, mestrado ou doutorado	15	11,54
TOTAL	130	100

Gráfico 3.5 – Nível de escolaridade dos entrevistados

[Gráfico de barras: Ensino fundamental (~8), Ensino médio (~30), Ensino superior (~90), Especialização, mestrado ou doutorado (~20)]

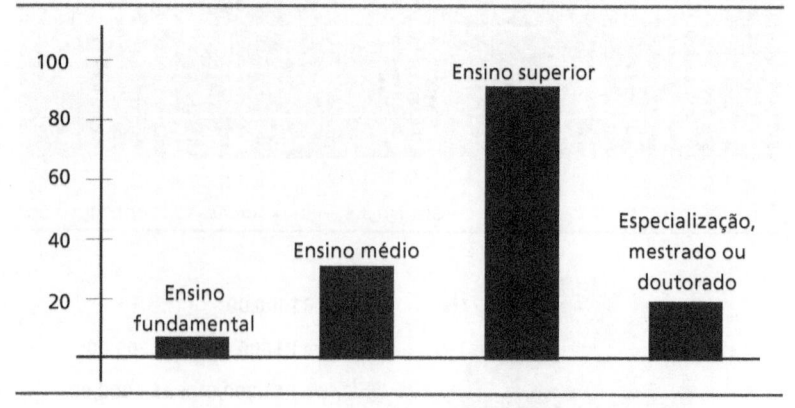

Grande parte dos entrevistados (aproximadamente 67%) tem curso superior, o que demonstra um nicho de mercado-alvo; além disso, pessoas com ensino médio também estão incluídas no nosso segmento, uma vez que fazem parte da maioria de jovens e adultos que frequentam bares e animações noturnas.

Estado civil

Tabela 3.11 – Estado civil dos entrevistados

Estado civil dos entrevistados	Nº de entrevistados	Percentual (%) sobre o total
Casado	61	46,92
Solteiro	60	46,15
Outros	9	6,92
TOTAL	130	100

Gráfico 3.6 – Estado civil dos entrevistados

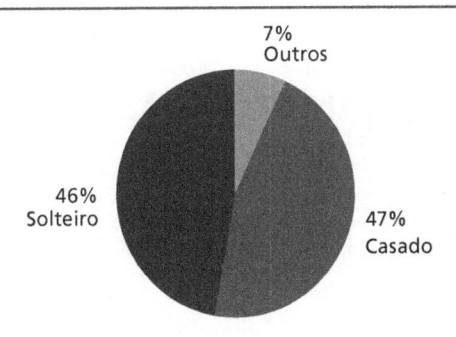

- 7% Outros
- 46% Solteiro
- 47% Casado

Dependentes

Tabela 3.12 – Entrevistados com filhos

Filhos	N° de entrevistados	Percentual (%) sobre o total
Entrevistados que têm filhos	51	39,23
Entrevistados que não têm filhos	79	60,77
TOTAL	130	100

Gráfico 3.7 – Entrevistados com filhos

- 39% Entrevistados que não têm filhos
- 61% Entrevistados que têm filhos

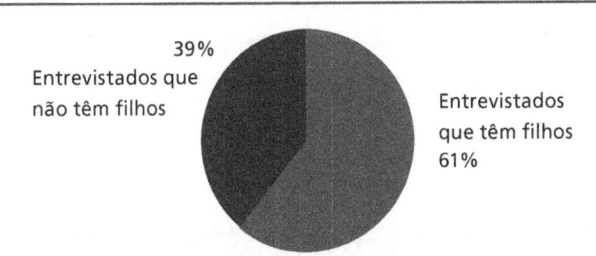

Uma parte representativa de nosso público-alvo tem filhos e, muitas vezes, isso se torna um impedimento para o seu lazer noturno. Ao criarmos alguma estratégia que envolva os filhos dos clientes, como uma área para atividades infantis, brindes e sorteios de produtos, podemos aumentar a nossa clientela.

Frequência em bares

Tabela 3.13 – Entrevistados que frequentam bares

Entrevistados que frequentam bares	N° de entrevistados	Percentual (%) sobre o total
Frequentam bares	93	71,54
Não frequentam bares	37	28,46
TOTAL	130	100

Gráfico 3.8 – Entrevistados que frequentam bares

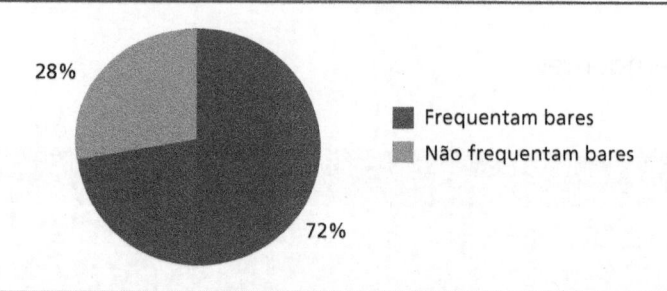

- 28% Não frequentam bares
- 72% Frequentam bares

Por meio do Gráfico 3.8, podemos identificar os entrevistados que frequentam bares e os que não frequentam. A grande maioria (72%) costuma frequentar, o que representa uma grande oportunidade de mercado, uma vez que, conforme pesquisas realizadas pelo IBGE, existe uma grande parcela da população que não tem suas necessidades de lazer noturno totalmente satisfeitas.

Tabela 3.14 – Dias da semana em que os entrevistados costumam frequentar bares

Dias da semana em que costumam ir aos bares	N° de respostas	Percentual (%) sobre o total
Segunda-feira	0	0
Terça-feira	0	0
Quarta-feira	5	5
Quinta-feira	20	20
Sexta-feira	20	20

(continua)

(Tabela 3.14 – Conclusão)

Dias da semana em que costumam ir aos bares	Nº de respostas	Percentual (%) sobre o total
Sábado	20	20
Domingo	20	20
Feriados	15	15
TOTAL	93	100

Fonte: Pesquisa *in loco*.

Gráfico 3.9 – Dias da semana em que os entrevistados costumam frequentar bares

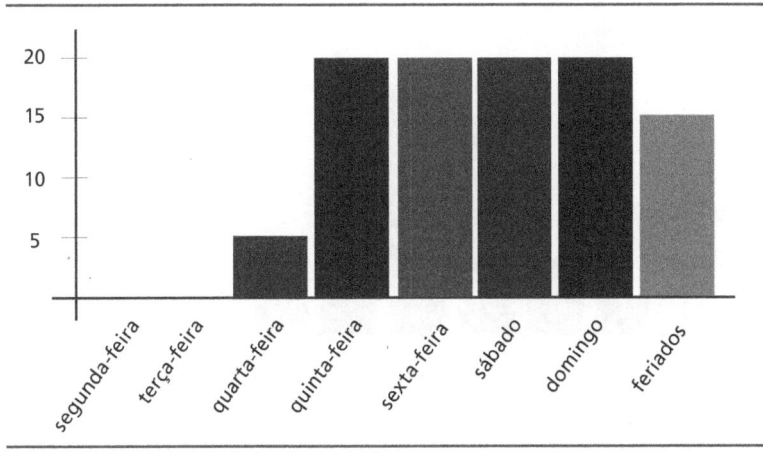

Fonte: Pesquisa *in loco*.

Determinar os dias da semana de mais movimento é importante para prever a demanda e determinar os dias em que há o maior faturamento. Além disso, por meio desses dados podemos estipular as estratégias adequadas e quando elas devem ser aplicadas.

Tabela 3.15 – Frequência de ida a bares

Frequência de idas a bares	Nº de entrevistados	Percentual (%) sobre o total
1 a 2 vezes por ano	4	4,30
3 a 4 vezes por ano	8	8,60
1 a 2 vezes por mês	33	35,48

Frequência de idas a bares	N° de entrevistados	Percentual (%) sobre o total
3 a 4 vezes por mês	33	35,48
2 a 3 vezes por semana	9	9,68
4 ou mais vezes por semana	6	6,45
TOTAL	93	100

Fonte: Pesquisa *in loco*.

Gráfico 3.10 – Frequência de idas a bares

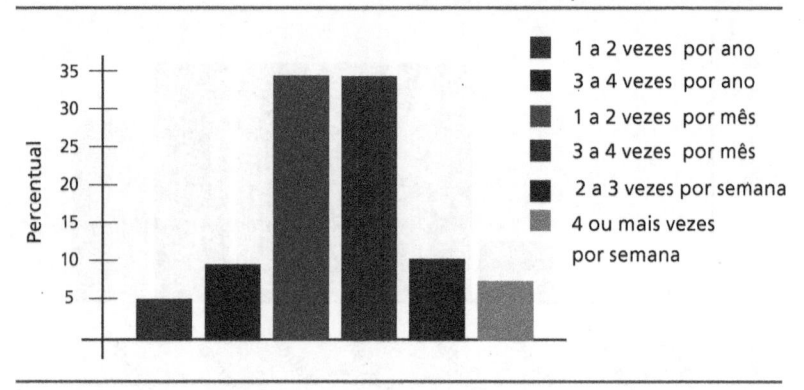

- 1 a 2 vezes por ano
- 3 a 4 vezes por ano
- 1 a 2 vezes por mês
- 3 a 4 vezes por mês
- 2 a 3 vezes por semana
- 4 ou mais vezes por semana

Fonte: Pesquisa *in loco*.

Determinar com que frequência nossos consumidores costumam ir se divertir em bares também é essencial para determinar estratégias de *marketing* para cada segmento específico, bem como o faturamento possível para cada segmento-alvo.

Itens considerados mais importantes

Tabela 3.16 – Itens considerados mais importantes num bar

Itens considerados mais importantes	Quantidade de votos	Percentual (%) sobre o total
Música	46	17,23
Boa bebida	32	11,99
Atendimento	54	20,22
Preço	31	11,61

Itens considerados mais importantes	Quantidade de votos	Percentual (%) sobre o total
Encontro com amigos	40	14,98
Privacidade	11	4,12
Ambiente	50	18,73
Outros	3	1,12
TOTAL	267	100

Fonte: Pesquisa *in loco*.

Gráfico 3.11 – Itens considerados mais importantes em um bar

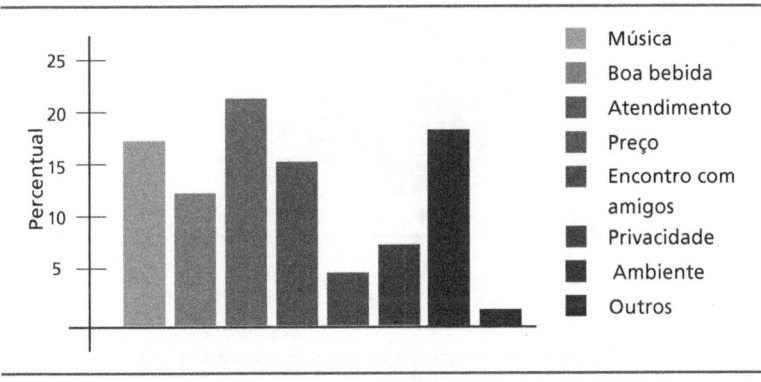

Fonte: Pesquisa *in loco*.

Por meio do Gráfico 3.11 podemos verificar os itens considerados mais importantes num bar para os nossos consumidores-alvo. O investimento em atendimento diferenciado, ambiente adequado (instalações) e música, nesse caso, mostra-se fundamental para a conquista do público alvo.

Gosto por música

Identificamos nesses dados que a grande maioria (96%) dos consumidores gosta de música, o que identifica uma oportunidade para o estabelecimento em relação à instalação de som ambiente e promoção de eventos musicais.

Tabela 3.17 – Gosto por músicas

Gosto por músicas	Quantidade de votos	Percentual (%) sobre o total
Gostam de música	124	95,70
Não gostam de música	6	4,30
TOTAL	130	100,00

Fonte: Pesquisa *in loco*.

Gráfico 3.12 – Gosto por músicas

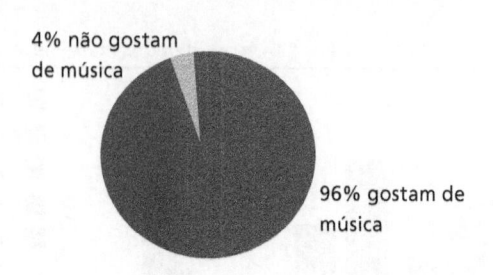

4% não gostam de música

96% gostam de música

Fonte: Pesquisa *in loco*.

Tabela 3.18 – Estilos musicais preferidos

Estilos musicais preferidos	Quantidade de votos	Percentual (%) sobre o total
Rock	30	17,14
Axé	11	6,29
Pagode	13	7,43
Sertanejo	15	8,57
Internacionais	35	20,00
Nacionais *pop*	36	20,57
Clássicos (Música erudita)	6	3,43
Todos	22	12,57
Outros	7	4,00
TOTAL	175	100,00

Fonte: Pesquisa *in loco*.

Gráfico 3.13 – Estilos musicais preferidos

- Outros
- Todos
- Clássicos (música erudita)
- Nacionais *pop*
- Internacional
- Sertanejo
- Pagode
- Axé
- *Rock*

Percentual

Fonte: Pesquisa *in loco*.

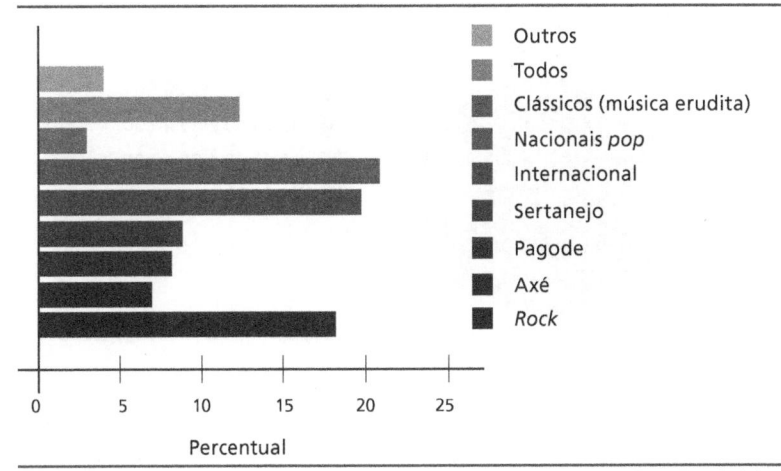

A preferência de estilos musicais de nossos consumidores-alvo determinará quais serão os estilos mais adequados para serem apresentados no empreendimento e que terão melhor aceitação, determinando a instalação do som ambiente e as músicas e *shows* ao vivo.

Valores que os consumidores estão dispostos a pagar

Tabela 3.19 – Quanto os consumidores estão dispostos a pagar

Quanto os consumidores estão dispostos a pagar	Quant. de votos	Percentual (%) sobre o total
R$ 5,00 a R$ 20,00	91	70,00
R$ 20,00 a R$ 40,00	38	29,23
R$ 40,00 a R$ 60,00	1	0,77
R$ 60,00 ou mais	0	0,00
TOTAL	130	100,00

Fonte: Pesquisa *in loco*.

Gráfico 3.14 – Quanto os consumidores estão dispostos a pagar

- R$ 5,00 a R$ 20,00: 70%
- R$ 20,00 a R$ 40,00: 29%
- R$ 40,00 a R$ 60,00: 1%
- R$ 60,00 ou mais: 0%

Fonte: Pesquisa *in loco*.

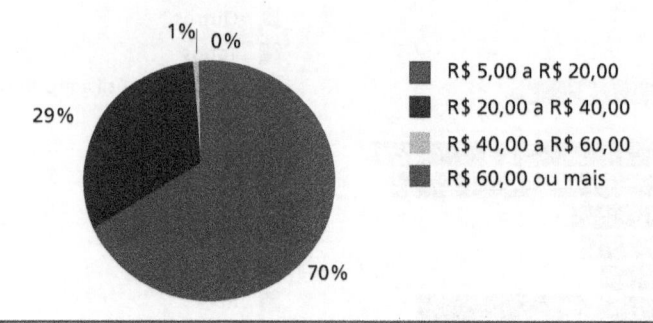

A grande parte de nosso público está disposta a pagar até R$ 20,00 (vinte reais) por uma noite de lazer num bar. Sendo assim, estratégias de venda e de *marketing* devem ser criadas em função desse valor, no caso desse segmento de mercado.

Localização ideal

Tabela 3.20 – Localização considerada ideal para um bar

Localização considerada ideal para um bar	Quant. de votos	Percentual (%) sobre o total
Centro	38	29,23
Batel	22	16,92
Água Verde	37	28,46
Mercês	8	6,15
Bigorrilho	3	2,31
Outros	22	16,92
TOTAL	130	100,00

Fonte: Pesquisa *in loco*.

A localização é um fator importantíssimo para o sucesso de um empreendimento. Essa pesquisa determina o Centro e o bairro Água Verde como os principais acessos para os "agitos noturnos" da cidade. Ao identificar o segmento de mercado, essa localização deve ser considerada para a instalação da empresa.

Gráfico 3.15 – Localização considerada ideal para um bar

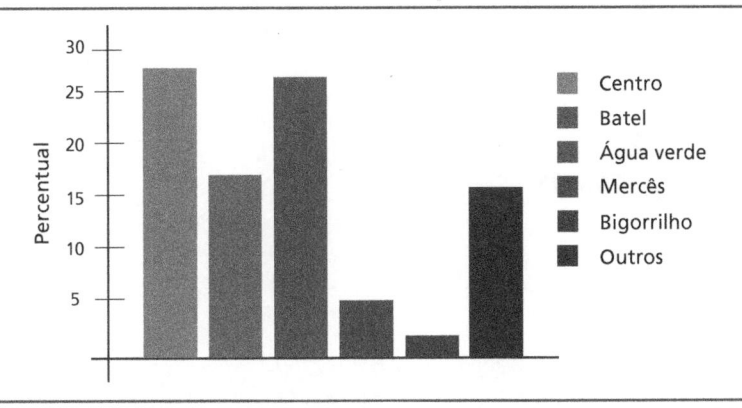

- Centro
- Batel
- Água verde
- Mercês
- Bigorrilho
- Outros

Fonte: Pesquisa *in loco*.

Grau de satisfação

Tabela 3.21 – Grau de satisfação dos clientes em relação às opções de diversão noturna em Curitiba

Grau de satisfação dos consumidores	Nº de entrevistados	Percentual (%) sobre o total
Satisfeitos	41	31,54
Insatisfeitos	89	68,46
TOTAL	130	100

Fonte: Pesquisa *in loco*.

Gráfico 3.16 – Grau de satisfação dos clientes em relação às opções de diversão noturna em Curitiba

32% Insatisfeitos
68% Satisfeitos

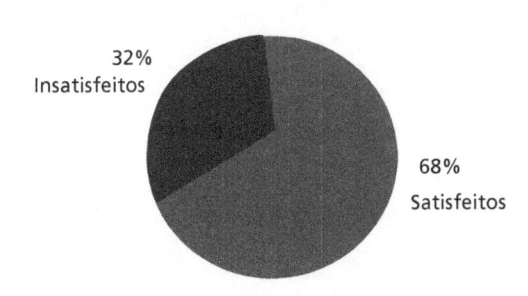

Fonte: Pesquisa *in loco*.

Podemos identificar uma oportunidade nesse mercado, uma vez que grande parte da população de Curitiba se sente insatisfeita em relação às atuais opções de lazer noturno.

3.4 Análise SWOT

3.4.1 Oportunidades

- O crescimento do turismo na cidade de Curitiba e região cria a oportunidade de garantir novos mercados no setor de entretenimento.
- Existe uma demanda na cidade que não tem suas necessidades totalmente atendidas, o que se torna uma oportunidade de mercado.
- Curitiba recebe muitos jovens que vêm do interior do estado e de outras cidades do Brasil em busca de bons colégios e boas universidades, o que pode ser um nicho de mercado potencial.

3.4.2 Forças

- Conhecer os concorrentes e as necessidades dos clientes potenciais que não estão sendo satisfeitas.
- Ambiente diferenciado, agregando conforto e privacidade aos clientes.
- Canal de atendimento direto – o cliente terá contato direto com a gerência, facilitando o conhecimento das necessidades do consumidor.
- Tecnologia nos equipamentos de som – a nossa empresa oferecerá aos seus clientes um equipamento de som ambiente que propicie um local agradável aos clientes.

- Engajamento em programas ambientais – a empresa buscará a valorização de projetos de preservação dos recursos naturais, começando com a reciclagem.

3.4.3 Ameaças

- Possibilidade de surgimento de novos concorrentes.
- Promoção dos concorrentes – se os principais concorrentes investirem em promoções mais atraentes que as nossas, isso prejudicará nossos objetivos.
- Recessão econômica, que tem diminuído o poder aquisitivo do nosso mercado – quando há a necessidade de diminuição de custos, a maioria das pessoas de classe média (nosso mercado-alvo) tende a cortar ou diminuir gastos com lazer.
- Mudanças na legislação federal, estadual e municipal podem afetar diretamente as atividades da empresa.

3.4.4 Fraquezas

- A empresa está ingressando no mercado. Por esse motivo, o nome da instituição e seus serviços não serão conhecidos no início.
- Nosso mercado-alvo é sensível a preços e isso pode ser uma fraqueza se nossos concorrentes trabalharem com preços mais competitivos.
- Pouca experiência em relação aos concorrentes. Por ser uma empresa nova, os concorrentes podem ter estratégias de mercado mais eficazes que as nossas, além de alguns já terem um nome conhecido no mercado.
- Investimentos de alto custo com propaganda e *marketing* para divulgar a empresa e explorar o seu público-alvo.

3.5 Consumidores potenciais e segmentação

Em relação às características demográficas de nosso público-alvo, podemos citar uma média:

- **Gênero** – Clientes do sexo masculino e feminino em igual proporção.
- **Estado civil** – Casados sem filhos, solteiros, casados com filhos adolescentes.
- **Idade** – Entre 15 e 50 anos.
- **Renda** – Entre R$ 600,00 e R$ 3.000,00 – classes A, B e C.
- **Nível educacional** – Ensinos médio e superior.
- **Etnia** – Diversos grupos étnicos.

Em relação às localizações geográficas de nossos consumidores, podemos citar:

- **Localização das residências** – Centro, bairros residenciais de classe média e, no caso de turistas, hospedagens em hotéis da região central.
- **Localização do trabalho** – Proximidades da empresa, centro, bairros industriais e comerciais.

Em relação às características psicográficas, podemos citar:

- **Estilo de vida** – Independente, gosto pela liberdade, por viagens e lazer.
- **Interesses** – Crescimento profissional e pessoal; lazer e diversão; desejo de conhecer novas pessoas e lugares; família e amigos.
- **Traços de personalidade** – Todos os tipos de pessoas (extrovertidos, amigáveis, calmos, nervosos etc.).

Devemos salientar que estão inclusos nesse segmento de mercado os turistas. Conforme pesquisa mencionada anteriormente, os turistas que visitam Curitiba buscam também atividades de lazer noturno e, muitas vezes, não encontram opções. Esse nicho de mercado é uma grande oportunidade, haja vista que os turistas têm as características dos clientes potenciais anteriormente mencionados, além de virem à Curitiba em busca de lazer e diversão, dispostos a pagar quantias maiores por uma boa forma de entretenimento.

De forma geral, os usuários de nossos serviços buscam um ambiente agradável para se divertir com amigos, parceiros, colegas de trabalho ou de estudo, ao som de uma música agradável e com um bom atendimento, almejando lazer, contato com amigos e encontros com novas pessoas, além de boa bebida e bons petiscos.

Nossos consumidores-alvo são financeiramente responsáveis pelo pagamento de seu consumo em bares, restaurantes e outras opções de lazer. Em alguns casos, podem ser estudantes sustentados pelos pais, que são os responsáveis pelos gastos daqueles com lazer.

Os principais fatores influenciadores na hora de se optar por um estabelecimento são o atendimento, a música, o encontro com amigos, o preço e as bebidas, nessa ordem de importância. Já que o fator que mais influencia na opção por um estabelecimento noturno o atendimento, serão criadas estratégias de excelência no atendimento a clientes.

Além de serviços, nossos consumidores buscam bebidas, alimentos e um bom ambiente físico. Há a necessidade de oferecer diversos tipos de bebidas, preferencialmente em embalagens recicláveis, a fim de criar uma atitude positiva da empresa em relação ao meio ambiente. No que se refere aos alimentos, por serem produtos perecíveis, devem ser conservados adequadamente, respeitando-se a data de vencimento e buscando a aquisição de produtos mais frescos de nossos fornecedores.

Podemos considerar, também, alguns serviços complementares aos nossos, como serviços de decoração de ambientes, de música ao vivo (contratação terceirizada), de rádio e televisão para divulgar o nosso estabelecimento, entre outros.

A frequência de nossos consumidores ao nosso estabelecimento pode ser considerada sazonal, visto que as pessoas bebem mais ou menos conforme a temperatura ambiente, isto é, não há o mesmo consumo de bebidas no verão em relação ao consumo de bebidas no inverno. Há, além disso, a diferença de consumo de produtos em cada estação do ano. No inverno, as pessoas tendem a desejar bebidas quentes e, no verão, bebidas refrescantes.

Podemos considerar também a sazonalidade em nosso faturamento, no que se refere ao turismo. Se o público-alvo inclui turistas de todo o Brasil e do mundo, há épocas em que o turismo é mais intenso, como os meses de janeiro, julho e dezembro, além dos feriados nacionais.

Eventos promocionais tendem a afetar diretamente as nossas receitas de vendas, uma vez que o público jovem costuma acompanhar as promoções e se interessa por aquelas que parecem atrativas em relação ao preço, entre outros fatores.

3.6 Concorrentes

A cidade de Curitiba e sua região metropolitana possuem diversos tipos de bares, que atendem aos mais variados nichos de mercado.

Citaremos, a seguir, os principais concorrentes diretos no segmento de mercado visado pela nossa empresa.

- AMATULAH MUSIC HALL
    - Rua Comendador Araújo, 609, Batel. Curitiba-PR.
    - Fone: (0XX41) 3323-9700/3323-9701
- ASGARD
    - Rua Brigadeiro Franco, 3388, Rebouças. Curitiba-PR.
    - Fone: (0XX41) 3333-8847
- BAGDAD CAFÉ
    - Rua Prudente de Moraes, 130, Mercês. Curitiba-PR.
    - Fone: (0XX41) 3336-2421
- BAR BRAHMA
    - Avenida Presidente Getúlio Vargas, 234, Rebouças. Curitiba-PR.
    - Fone: (0XX41) 3224-1628

- BAR BRASIL
  - Rua Bispo D. José, 2459, Batel. Curitiba-PR.
  - Fone: (0XX41) 3019-5800
- BAR DO ALEMÃO (SCHWARZWALD)
  - Rua Dr. Claudino dos Santos, 63, Centro. Curitiba-PR.
  - Fone: (0XX41) 3223-2585
- CACHAÇARIA ÁGUA DOCE
  - Rua Mateus Leme, 1430, Centro Cívico. Curitiba-PR.
  - Fone: (0XX41) 3253-7299
- CERVEJARIA BAVARIUM
  - Rua Mateus Leme, 4248, São Lourenço. Curitiba-PR.
  - Fone: (0XX41) 3352-4004
- CERVEJARIA ORIGINAL
  - Avenida Vicente Machado, 627, Centro. Curitiba-PR.
  - Fone: (0XX41) 3013-5800
- DON MAX
  - Rua Tenente Max Wolf Filho, 37, Água Verde. Curitiba-PR.
  - Fone: (0XX41) 3343-7989
- ERA SÓ O QUE FALTAVA
  - Avenida República Argentina, 1334, Água Verde. Curitiba-PR.
  - Fone: (0XX41) 3342-0826
- FREGUESIA
  - Avenida Vicente Machado, 642, Centro. Curitiba-PR.
  - Fone: (0XX41) 3223-2233
- ORIGINAL CAFÉ.
  - Avenida Vicente Machado, 622A, Centro. Curitiba-PR.
  - Fone: (0XX41) 3323-4548
- VILARIGNO CAFÉ CONCERTO
  - Rua Augusto Stelfeld, 264, Centro. Curitiba-PR.
  - Fone: (0XX41) 3323-8543

3.7 Fornecedores

3.7.1 Bebidas

Bebidas serão os principais produtos vendidos em nosso estabelecimento, e os principais fornecedores serão a Ambev e a Spaipa, distribuidoras dos refrigerantes e das cervejas mais vendidos no país.

Citaremos, a seguir, nossos principais fornecedores e os produtos que são oferecidos por eles.

Ambev – Cia. Brasileira de Bebidas – Filial Curitiba:

- Avenida Pres. Getúlio Vargas, 262, Rebouças. Curitiba-PR.
- Fone: (0XX41) 3320-5050
- Fax: (0XX41) 3320-5078

Refrigerantes e bebidas similares oferecidos pela Ambev:

- Guaraná Antártica / Guaraná Antártica Diet
- Soda Limonada Antártica / Soda Limonada Antártica Diet
- Pepsi-Cola / Pepsi-Cola Light
- Pepsi Twist / Pepsi Twist Light
- Sukita / Sukita Light
- Club Soda
- Tônica Antártica / Tônica Antártica Diet
- Guaraná Brahma / Guaraná Brama Diet
- 7 UP
- Limão Brahma
- Água Fratelli Vita
- Iced Tea (chá em lata)

Cervejas oferecidas pela Ambev:

- Skol
- Skol Pilsen
- Brahma
- Brahma Chopp
- Brahma Light
- Brahma Malzbier
- Antártica
- Antártica Malzbier
- Antártica Pilsen
- Antártica Pilsen Extra
- Chopp Antártica
- Bohemia
- Caracu
- Original
- Krönenbier

Spaipa S/A – Indústria Brasileira de Bebidas:

- BR 277, km 81,5, nº 3524. CEP: 81550-390 – Curitiba-PR.
- Fone: (0XX41) 2109-2000

Refrigerantes e bebidas similares oferecidos pela Spaipa:

- Coca-cola (garrafa e lata) / Coca-cola Light (garrafa e lata)
- Guaraná Kuat (garrafa e lata) / Guaraná Kuat Light (garrafa e lata)
- Fanta Laranja / Fanta Uva (garrafa e lata)
- Sprite (garrafa e lata) / Sprite Zero (garrafa e lata)
- Kapo (sucos diversos sabores)
- Nestea (chá em lata)
- Burn (energético)

Cervejas oferecidas pela Spaipa:

- Kaiser
- Xingu
- Santa Cerva
- Bavária com álcool
- Bavária sem álcool
- Heineken

Obs: A Spaipa oferece ainda *freezers* verticais e horizontais para a acomodação de seus produtos.

Schincariol – regional Curitiba:

- R. Salgado Filho, 2279, Gralha Azul. CEP: 83320-340. Pinhais – PR.
- Fone: (0XX41) 3668-5222/ 3668-0291

Bebidas oferecidas pela Schincariol:

- Cerveja Nova Schin
- Cerveja Primus
- Cerveja Glacial
- Guaraná Schin
- Schin Cola
- Schin Citrus
- Schin Itubaína
- Água Mineral Schin

Cena Comércio de Bebidas Ltda. – revendedor de vinhos e aguardentes:

- Rua João Cosmo, 300, Vila Otto, Curitiba-PR.
- Fone: (0XX41) 3392-2099

Distribuidora de Água Ouro Fino:

- Avenida Silva Jardim, 15, Rebouças. CEP: 80230-000. Curitiba-PR.
- Fone: (0XX41) 3321-3001.
- *E-mail*: cd@aguasourofino.com.br

Vinícola Durigan Ltda. – Vinhos Durigan:

- Avenida Manoel Ribas, 6169, Santa Felicidade. CEP: 82020-000. Curitiba-PR.
- Fone: (0XX41) 3372-2212 / 3372-2113
- Fax: (0XX41) 3272-1450

Fox Representações Ltda. – revendedor de diversos vinhos:

- Rua Nunes Machado, 1450, sala 02. CEP: 80220-030. Curitiba-PR.
- Fone/Fax: (0XX41) 3333-0828

Paulo Thoms – revendedor, em Curitiba, dos vinhos Miolo:

- Fone: (0XX41) 3224-8244
- *E-mail*: adegabouleverd@uol.com.br

3.7.2 Alimentos em geral

Irmãos Muffato & Cia. Ltda.:

- Rua Eduardo Carlos Pereira, 3605, Portão. Curitiba-PR.
- Fone: (0XX41) 3212-5100.
- *E-mail*: curitiba@muffato.com.br

Big Curitiba:

- Avenida Presidente Arthur Bernardes, 2200, Portão. Curitiba-PR. CEP: 80320-300
- Fone: (0XX41) 3314-6000

Cia. Brasileira de Distribuição:

- Avenida Presidente Kennedy, 1061, Rebouças. Curitiba-PR. CEP: 80220-201
- Fone: (0XX41) 3332-8644

Mercado municipal de Curitiba

- Avenida Sete de Setembro, 1865, Centro. Curitiba-PR. CEP: 80061-980

Materiais de escritório

Contabilista Papelaria e Suprimentos de Informática Ltda.:

- Rua Senador Salgado Filho, 374, Prado Velho. Curitiba-PR. CEP: 80215-270.
- Fone.: (0XX41) 3330-8000

Livrarias Curitiba (**atacado e varejo**):

- Avenida Marechal Floriano Peixoto, 1742, Rebouças. Curitiba-PR.
- Fone: (0XX41) 3330-5000

Sistemas gerenciais

Abrasoft Informática – desenvolvimento de **softwares** para comércio, contabilidade, folha de pagamento, escrita fiscal:

- Rua Fernando de Noronha, 301. Curitiba-PR
- Fone: (0XX41) 3356-1711
- *E-mail*: bruno@abrasoft.com.br

3.7.5 Sistemas de segurança

Sentinela Vigilância S/C Ltda. – administração central:

- Rua Professora Antônia Riginato Vianna, 485, Capão da Imbuia. CEP: 82810-300. Curitiba-PR.
- Fone: (0XX41) 3360-2800 / Fax: (XX41) 3360-2855
- *E-mail*: sentinela@sentinela.com.br

3.8 Estratégias de *marketing*

3.8.1 Produtos e serviços

O principal diferencial dos produtos no Music Hall Bar será a qualidade nos produtos oferecidos e no atendimento.

A busca por produtos, como bebidas e alimentos de qualidade, será constante em nosso estabelecimento.

Basicamente, todos os produtos que serão oferecidos têm características semelhantes, como a não durabilidade dos produtos, por se tratarem de itens perecíveis.

No que se refere à necessidade de *marketing*, as tendências devem ser acompanhadas, como o lançamento de novos produtos ou a alteração na linha de produtos, principalmente no caso de bebidas, cujo consumo pode ser influenciado por propagandas dos fabricantes ou mesmo pela divulgação entre amigos.

3.8.2 Praça

O Music Hall Bar disponibilizará seus serviços e produtos na região de Curitiba, no Estado do Paraná.

A localidade escolhida para a instalação do estabelecimento foi a região central de Curitiba, por se tratar de um ponto estratégico, preferido por nosso público-alvo (determinada por meio de pesquisa de mercado) e que concentra grande fluxo de pessoas. Assim, a distribuição será boa, devido ao fácil acesso dos clientes potenciais ao local e à proximidade dos principais comércios e prestadores de serviços da cidade.

A seguir, apresentamos o modelo de planta baixa do estabelecimento.

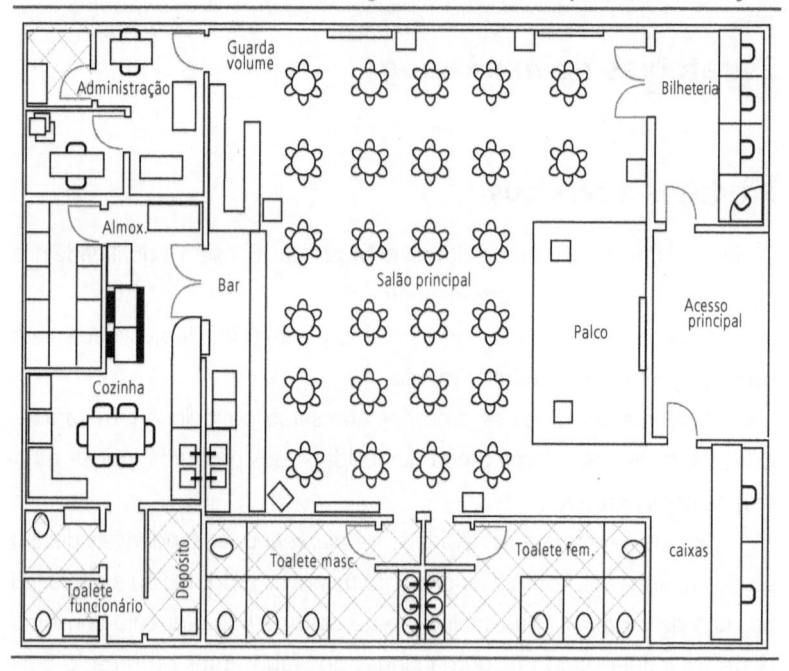

Figura 3.1 – Modelo de planta baixa do *layout*

Promoção

O investimento em promoção será uma das forças da empresa. Além de divulgação em mídia, haverá a distribuição de *folders* em pontos estratégicos da cidade – como a região central, onde há grande movimento de pessoas, com faculdades, cursos técnicos etc., –, envio de mala direta, entre outros.

Nos dias de menos movimento, como de segunda-feira a quarta-feira, conforme resultado da pesquisa mercadológica efetuada, ofereceremos aos clientes que frequentarem o estabelecimento promoções como "peça um e ganhe dois", sorteios de brindes etc., que serão estabelecidas conforme os períodos de maior ou menor volume de vendas.

Citaremos, em outra seção, as estratégias de *marketing* a serem utilizadas para a divulgação da empresa, as quais influenciarão positivamente para a conquista de clientes.

Preço

Para a determinação do preço dos produtos que serão oferecidos em nosso estabelecimento, foram considerados:

- os preços praticados pelos concorrentes;.
- os preços que podem ser praticados para retirar uma parte do mercado dos concorrentes;
- a pesquisa de campo efetuada.

Determinamos, por meio da análise dos itens anteriores que os preços praticados precisam ser acessíveis em relação aos concorrentes e que não será cobrada consumação, sendo opcional ao cliente o pagamento do percentual de gorjeta para os garçons.

Tecnologia e ciclo de vida

Na elaboração do *layout* do estabelecimento e na determinação dos equipamentos a serem utilizados, nossa empresa buscará a instalação de equipamentos de alta tecnologia, no que se refere a equipamentos de som, áudio e vídeo (instalação de televisores). Também é necessária a tecnologia nos equipamentos de trabalho, como computadores, impressoras etc. Os computadores utilizados serão modernos, para facilitar a agilidade nos processos de recebimento de valores, lançamentos nos sistemas financeiros e efetivação dos pedidos.

O ciclo de vida depende muito da aceitação e das estratégias a serem utilizadas pela empresa, buscando atingir rapidamente a fase de crescimento. O mais importante é manter-se na fase de maturidade do negócio e, por meio de estratégias eficientes, evitar que a empresa chegue à fase de declínio.

3.8.6 Vantagens competitivas

O fato de conhecermos os concorrentes e podermos analisar suas forças e fraquezas nos proporciona uma vantagem competitiva, uma vez que, como a empresa ainda não existe no mercado, a concorrência não pode determinar quais serão as estratégias por nós utilizadas antes da inauguração.

Sabemos que existem clientes potenciais que não estão tendo suas necessidades em relação a lazer noturno totalmente satisfeitas. Além disso, existe um nicho de mercado potencial que são os turistas, os quais podem estar dispostos a pagar mais do que um cliente residente na cidade pelo fato de estarem conhecendo novos lugares.

Com base nisso, nossa estratégia é criar uma vantagem competitiva no que se refere ao atendimento (item considerado mais importante em nossa pesquisa de campo). Investir no treinamento dos funcionários, a fim de que o atendimento seja o melhor possível, é uma das principais estratégias da empresa.

O foco no ambiente diferenciado também poderá vir a se tornar uma vantagem competitiva se este se tornar agradável para todos os clientes e continuar se mantendo assim, por meio da manutenção constante, como decoração, pintura e limpeza.

Nossa empresa também se engajará em programas ambientais e sociais, como a reciclagem do lixo e o auxílio às pessoas carentes. Essas estratégias podem ser transmitidas ao público por meio de promoções, *folders* ou pequenas placas de divulgação, incentivando a reciclagem e a responsabilidade social.

3.8.7 Serviços ao cliente

Alguns serviços adicionais serão oferecidos aos clientes, como estacionamento com manobrista (sem custos), consulta de preços e horários, além da possibilidade de efetuar reservas por meio de um *site* que disponibilizaremos na internet ou por telefone. Se o cliente for aniversariante e fizer uma reserva em nosso estabelecimento, receberá, sem custos, um bolo e champanhe para todos os seus convidados. Música ao vivo também é outro serviço oferecido. O cliente poderá solicitar o tipo de música que deseja ouvir, ou mesmo entregar os nomes das músicas ao garçom, sendo que estas serão tocadas quando o cliente estiver na casa.

3.8.8 Relacionamento com os clientes

Um dos principais objetivos da organização será manter com o cliente um relacionamento harmonioso, de forma que ele retorne ao nosso estabelecimento e se torne um cliente fiel.

Criaremos um serviço pós-venda, deixando fichas fixas nas mesas, nas quais os clientes podem preencher o seu cadastro, responder às perguntas quanto ao seu grau de satisfação e oferecer sugestões, concorrendo a brindes (que serão estabelecidos pelo gerente administrativo).

Esse cadastro nos será útil para mantermos um contato indireto com o cliente, criando-se uma mala direta para enviar correspondências em datas especiais, como aniversário, Natal, Dia dos Pais, Dia das Mães etc.

4 Plano financeiro

A análise financeira de um empreendimento é tão importante quanto a análise mercadológica, pois ela mostra se o empreendimento é financeiramente viável.

Como todo negócio possui um risco, o investidor poderá conhecê-lo e verificar se correrá ou não esse risco com o empreendedor; por isso é importante que os dados aqui demonstrados possam refletir a realidade do negócio.

A análise precisa ser bem criteriosa, pois ela demonstrará os dados mais importantes do negócio, diretamente relacionados aos recursos e ao uso destes para que a empresa possa desenvolver sua atividade, conseguindo o retorno esperado.

4.1 Investimento inicial

O investimento inicial é a soma dos investimentos fixos (móveis, equipamentos, instalações, reformas, entre outros) e do capital de giro necessário para a operacionalização da empresa. Esses investimentos são essenciais para que a empresa possa dar início à sua atividade-fim. O investimento inicial é composto por despesas pré-operacionais, investimentos fixos e investimentos iniciais de capital de giro.

4.1.1 Despesas pré-operacionais

As despesas pré-operacionais são os gastos que a empresa deve realizar para o estabelecimento do negócio, ou seja, gastos realizados antes de a empresa entrar em operação.

Tabela 4.1 – Despesas pré-operacionais

Despesas pré-operacionais	Custo total
Gastos com elaboração de questionário de pesquisa de mercado e cópias	R$ 50,00
Registro e regularização da empresa	R$ 520,00
Gastos com recrutamento, seleção e treinamento de pessoal	R$ 1.000,00
Honorários de publicitário para desenvolver a marca	R$ 300,00
Despesas com *marketing* e propaganda para divulgação inicial	R$ 3.200,00
TOTAL	R$ 5.070,00

Fonte: Pesquisa *in loco*.

4.1.2 Investimentos para instalação

Para determinar os investimentos iniciais essenciais para a abertura da empresa, elencaremos os recursos materiais necessários, ou seja, os gastos com aquisição e instalação de máquinas e equipamentos, obras e reformas, móveis e utensílios – como cadeiras, mesas, balcões, aparelhos eletrônicos, aparelhos de informática –, imóveis – como salas, lotes, galpões –, entre outros itens indispensáveis para a instalação do empreendimento.

Os preços dos materiais e demais recursos essenciais para a implementação do projeto foram informados para pagamento à vista e estão relacionados aos fornecedores de Curitiba e região metropolitana.

Tabela 4.2 – Equipamentos necessários na área de atendimento

Equpamentos	Quant.	Custo unit.	Custo total
Computador Pentium	02	R$ 1.800,00	R$ 3.600,00
Impressora de comprovante de pagamento	02	R$ 375,00	R$ 750,00
Nobreak	01	R$ 700,00	R$ 700,00
Aparelho de telefone	02	R$ 50,00	R$ 100,00
Ar-condicionado central	01	R$ 8.000,00	R$ 8.000,00
Caixa acústica para equipamento de som	08	R$ 110,00	R$ 880,00
Amplificador	01	R$ 998,00	R$ 998,00
Mesa equalizadora	01	R$ 1.450,00	R$ 1.450,00
Receiver com CD	01	R$ 1.000,00	R$ 1.000,00
Microfone	03	R$ 89,00	R$ 267,00
Sensor para sistema de alarme	10	R$ 29,00	R$ 290,00

(continua)

(Tabela 4.2 – Conclusão)

Equpamentos	Quant.	Custo unit.	Custo total
Aparelho de TV 29 polegadas – *stereo*	04	R$ 1.200,00	R$ 4.800,00
Aparelho de DVD	01	R$ 360,00	R$ 360,00
Multiprocessador para o bar	01	R$ 280,00	R$ 280,00
Máquina de fazer sucos	01	R$ 90,00	R$ 90,00
Geladeira	01	R$ 1.000,00	R$ 1.000,00
Liquidificadores	06	R$ 60,00	R$ 360,00
TOTAL		R$ 17.591,00	R$ 24.925,00

Fonte: Pesquisa *in loco*;

Tabela 4.3 – Recursos materiais necessários na área de atendimento

Móveis e equipamentos	Quant.	Custo unit.	Custo total
Balcão em madeira	03	R$ 394,00	R$ 1.182,00
Mesas	25	R$ 70,00	R$ 1.750,00
Cadeiras	150	R$ 15,00	R$ 2.250,00
Prateleiras	04	R$ 65,00	R$ 260,00
Balcões com pias	02	R$ 190,00	R$ 380,00
Balcão para a recepção em fórmica	01	R$ 250,00	R$ 250,00
Balcão para o caixa em madeira e fórmica	02	R$ 300,00	R$ 600,00
Cadeira para o caixa e recepção	03	R$ 50,00	R$ 150,00
Cristaleiras para o bar	02	R$ 130,00	R$ 260,00
Balcões e pias para lavatórios	4	R$ 100,00	R$ 100,00
Copos para cerveja e chopp	120	R$ 2,00	R$ 280,00
Copos para sucos e refrigerantes	70	R$ 2,00	R$ 140,00
Taças de vinho	60	R$ 2,20	R$ 132,40
Taças de champanhe	40	R$ 3,80	R$ 152,00
Xícaras e pires	60	R$ 4,00	R$ 240,00
Talheres	100	R$ 1,00	R$ 100,00
Cinzeiros	40	R$ 0,90	R$ 36,00
Escorredor de louças e copos	03	R$ 12,00	R$ 36,00
Outros utensílios	50	R$ 10,00	R$ 500,00
TOTAL		R$ 1.601,90	R$ 9.058,00

Fonte: Pesquisa *in loco*.

Tabela 4.4 – Recursos materiais para a área de administração

Móveis e equipamentos	Quant.	Custo unit.	Custo total
Mesas em madeira com 4 gavetas	04	R$ 180,00	R$ 720,00
Cadeiras giratórias	04	R$ 50,00	R$ 200,00

(continua)

(Tabela 4.4 – conclusão)

Móveis e equipamentos	Quant.	Custo unit.	Custo total
Cadeiras	04	R$ 40,00	R$ 120,00
Armários em madeira com divisórias	02	R$ 130,00	R$ 260,00
Arquivo de ferro para acomodar doc.	01	R$ 175,00	R$ 175,00
Computador Pentium	04	R$ 2.000,00	R$ 8.000,00
Impressora *laser*	01	R$ 721,00	R$ 721,00
Impressora a jato de tinta	01	R$ 289,00	R$ 289,00
Nobreak (bateria auxiliar)	01	R$ 700,00	R$ 700,00
Sistema de alarme antifurto	01	R$ 1.500,00	R$ 1.500,00
Sensor para sistema de alarme	04	R$ 29,00	R$ 116,00
Aparelho de telefone	03	R$ 33,80	R$ 101,40
Aparelho de telefone	01	R$ 58,00	R$ 58,00
Aparelho de fax	01	R$ 399,00	R$ 399,00
Leitor óptico	01	R$ 250,00	R$ 250,00
Calculadora HP-12C	02	R$ 410,00	R$ 820,00
TOTAL	35	R$ 6.964,80	R$ 14.429,40

Fonte: Pesquisa *in loco*.

Tabela 4.5 – Materiais de escritório para a administração

Material	Quant.	Custo unit.	Custo total
Canetas	10	R$ 0,80	R$ 8,00
Lápis	10	R$ 0,50	R$ 5,00
Marca-textos	05	R$ 1,50	R$ 7,50
Corretivos	04	R$ 2,00	R$ 8,00
Colas	04	R$ 1,00	R$ 4,00
Borrachas	05	R$ 0,50	R$ 2,50
Tesouras	02	R$ 8,00	R$ 16,00
Papel A4 – 1 resma	05	R$ 10,00	R$ 50,00
Grampeadores	04	R$ 8,00	R$ 32,00
Réguas	05	R$ 0,50	R$ 2,50
Grampos	01 caixa	R$ 7,00	R$ 7,00
Carimbos	05	R$ 6,00	R$ 30,00
Almofadas para carimbo	03	R$ 5,00	R$ 15,00
Envelopes pequenos	50	R$ 0,30	R$ 15,00
Envelopes grandes	20	R$ 0,50	R$ 10,00
Sacos plásticos	100	R$ 0,15	R$ 15,00
Furadores	02	R$ 14,00	R$ 28,00
Clipes pequenos	200	R$ 8,00	R$ 8,00

(Tabela 4.5 – conclusão)

Material	Quant.	Custo unit.	Custo total
Clipes grandes	50	R$ 8,00	R$ 8,00
Pastas com plásticos	10	R$ 3,00	R$ 30,00
Pastas para arquivo	50	R$ 1,00	R$ 50,00
Extratores de grampos	04	R$ 3,00	R$ 12,00
TOTAL		R$ 435,95	R$ 693,00

Fonte: Pesquisa *in loco*.

Tabela 4.6 – Recursos materiais necessários na área de preparação de lanches

Móveis, equip. e utensílios	Quant.	Custo unit.	Custo total
Mesa tamanho grande	01	R$ 200,00	R$ 200,00
Balcão com pia para lavar louças	02	R$ 150,00	R$ 300,00
Armário em madeira para armazenar louças	02	R$ 380,00	R$ 380,00
Armário em madeira para estoque de alimentos	02	R$ 350,00	R$ 350,00
Estantes para estoques de alimentos	04	R$ 200,00	R$ 200,00
Cadeiras	04	R$ 10,00	R$ 40,00
Suporte em madeira para colocar frutas	01	R$ 20,00	R$ 20,00
Suporte para acomodar um filtro de água	01	R$ 10,00	R$ 10,00
Balcão em mármore para preparação de massas	01	R$ 180,00	R$ 180,00
Fogão Industrial	01	R$ 945,00	R$ 945,00
Freezer	01	R$ 950,00	R$ 950,00
Geladeira	01	R$ 1.260,00	R$ 1.260,00
Frigideira elétrica	01	R$ 167,00	R$ 167,00
Forno de micro-ondas	01	R$ 399,00	R$ 399,00
Forno elétrico	01	R$ 270,00	R$ 270,00
Liquidificador	02	R$ 60,00	R$ 120,00
Microprocessador	01	R$ 275,00	R$ 275,00
Máquina de lavar copos	01	R$ 250,00	R$ 250,00
Aparelho de telefone	01	R$ 20,00	R$ 20,00
Sensor para sistema de segurança	04	R$ 29,00	R$ 116,00
Escorredor de louças e talheres	02	R$ 15,00	R$ 30,00
Talheres de todos os tipos	60	R$ 1,00	R$ 60,00
Travessas para servir porções	50	R$ 8,00	R$ 400,00
Tábuas para cortar alimentos e para servir	40	R$ 9,95	R$ 398,00
Panelas grandes	20	R$ 30,00	R$ 600,00

(continua)

(Tabela 4.6 – Conclusão)

Móveis, equip. e utensílios	Quant.	Custo unit.	Custo total
Assadeiras	20	R$ 10,00	R$ 200,00
Outros utensílios	30	R$ 10,00	R$ 300,00
TOTAL	255	R$ 6.208,95	R$ 9.770,00

Fonte: Pesquisa *in loco*.

Tabela 4.7 – Recursos tecnológicos necessários

Recursos tecnológicos	Quant.	Custo unit.	Custo total
Software gerencial para controle administrativo	01	R$ 5.000,00	R$ 5.000,00
Sistema para controle de estoque, pedidos de compras e orçamentos	01	R$ 2.000,00	R$ 2.000,00
Instalação de sistema de segurança	01	R$ 3.000,00	R$ 3.000,00
Câmeras para sistema de segurança	10	R$ 290,00	R$ 2.900,00
TOTAL		R$ 10.290,00	R$ 12.900,00

Fonte: Pesquisa *in loco*.

Tabela 4.8 – Despesas com reformas

Despesas com ref. e adapt.	Quant.	Custo unit.	Custo total
Piso cerâmico	300 m²	R$ 13,00	R$ 3.900,00
Lâmpadas	40	R$ 5,00	R$ 200,00
Montagem de móveis	01	R$ 800,00	R$ 800,00
Decoração	01	R$ 4.000,00	R$ 4.000,00
TOTAL		R$ 4.818,00	R$ 8.900,00

Fonte: Pesquisa *in loco*.

Tabela 4.9 – Total dos custos de instalação

Total dos custos de instalação	Custo Total
Equipamentos necessários na área de Atendimento	R$ 24.925,00
Recursos materiais necessários na área de Atendimento	R$ 9.058,00
Recursos materiais para a área de Administração	R$ 14.429,40
Materiais de escritório para a Administração	R$ 693,00
Recursos materiais para a área de Preparação de Lanches	R$ 9.770,00
Recursos tecnológicos necessários	R$ 12.900,00
Despesas com reforma	R$ 8.900,00

Total dos custos de instalação	Custo Total
TOTAL DOS CUSTOS	R$ 80.675,40

Fonte: Pesquisa *in loco*.

Os estoques iniciais fazem parte do volume de recursos necessários à instalação da empresa, por isso foram considerados nesse momento.

Tabela 4.10 – Estoque inicial

Estoque inicial	Custo total
Compra de estoque de refrigerantes e sucos	R$ 8.250,00
Compra de estoques de cerveja	R$ 17.920,00
Compra de estoques de vinhos e outras bebidas alcoólicas	R$ 5.750,00
Compra de estoques de alimentos para preparar lanches e petiscos em geral	R$ 1.000,00
Total dos custos com estoque inicial	R$ 32.720,00

Fonte: Pesquisa *in loco*.

4.2 Custos fixos

Os custos fixos são aqueles que ocorrem independentemente do faturamento da empresa e envolvem todos os gastos para atender ao cliente. Eles não mantêm proporcionalidade direta com a quantidade vendida. Geralmente, são os custos gerados em áreas de apoio da empresa e podem ser divididos em diretos e indiretos.

Os custos fixos diretos foram alocados diretamente às três áreas principais da empresa: atendimento, preparação de alimentos e administração.

O rateio dos custos é calculado conforme a Tabela 4.11.

Tabela 4.11 – Custos fixos indiretos

Custos fixos indiretos	
Discriminação	Valor
Aluguel	R$ 3.150,00
Seguro saúde para funcionários	R$ 1.700,00
Propaganda (à vista)	R$ 3.000,00

(Tabela 4.11 – Conclusão)

Custos fixos indiretos	
Discriminação	Valor
Honorários contábeis	R$ 550,00
Suprimentos de informática e manutenção de *software*	R$ 150,00
Combustível	R$ 120,00
Material de limpeza	R$ 150,00
Material de escritório	R$ 100,00
Despesas postais	R$ 20,00
Água	R$ 210,00
Energia elétrica	R$ 490,00
Pró-labore	R$ 2.000,00
Encargos sociais sobre pró-labore	R$ 1.724,00
Telefone	R$ 240,00
Internet a cabo	R$ 85,00
Mão de obra terceirizada (segurança)	R$ 900,00
Depreciação	R$ 818,08
Seguro	R$ 42,26
Manutenção	R$ 61,99
TOTAL	R$ 15.511,33

Os custos fixos indiretos, no primeiro mês de atividade, deverão ser cobertos com recursos de reserva, pois certamente as receitas ainda não serão suficientes para que possam cobrir esses custos. Isso demonstra uma necessidade de capital de giro.

Tabela 4.12 – Custos fixos diretos

Custos fixos diretos		
Discriminação	Nº de funcionários	Valor
Gastos com recursos humanos	16	R$ 8.000,00
Encargos sociais	16	R$ 6.896,00
TOTAL		R$ 14.896,00

Da mesma forma que os custos indiretos, os diretos também precisarão ser cobertos por capital de giro, no primeiro mês de atuação.

4.3 Capital de giro

Como o nome já diz, capital de giro é o capital necessário para que a empresa possa sustentar um nível programado de atividades até que suas receitas sejam suficientes para cobrir essas despesas e gerar resultado. Compra de estoque, pagamento de despesas fixas, aquisição de novos utensílios são despesas que influenciam diretamente no capital de giro.

Devido ao fato de ser predominantemente impactado com a compra de estoques, o administrador deve controlar bem seus estoques para não prejudicar a necessidade de capital de giro.

Muitas empresas possuem problemas de capital de giro devido a alguns fatores, como:

- diminuição das vendas e, consequentemente, das receitas;
- aumento dos custos da empresa;
- aumento das despesas administrativas;
- duas ou mais combinações dos fatores acima mencionados.

Para o primeiro mês de atuação, estaremos considerando uma necessidade de capital de giro para dar cobertura à aquisição dos estoques iniciais e para a cobertura dos custos fixos, além de uma reserva para contingência, o que está demonstrado na Tabela 4.13:

Tabela 4.13 – Necessidade imediata de capital de giro

Necessidade de capital de giro	
Estoque inicial	R$ 32.720,00
Custos fixos (1º mês)	R$ 30.407,33
Reserva	R$ 10.000,00
TOTAL	R$ 73.127,33

4.4 Projeção de resultados

4.4.1 Fatores considerados na atribuição das médias de receitas

A região metropolitana de Curitiba apresenta uma população de aproximadamente 2.726.556 habitantes, segundo fontes fornecidas pelo IBGE. O público-alvo para o Music Hall Bar são pessoas entre 15 e 35 anos, que fazem parte da população economicamente ativa de Curitiba, de acordo com o IBGE, e que somam 1.240.128 indivíduos.

Considerando essa população de aproximadamente 1.240.128 habitantes como referência, segundo a pesquisa de mercado feita com o público-alvo, 71,54% tem o costume de frequentar bares, o que corresponde a 887.188 pessoas.

Assim, temos um público consumidor de aproximadamente 887.188 pessoas na região de Curitiba.

Relacionando-se os dados da pesquisa, considerando que 71,36% dos entrevistados em questão frequentam bares de 1 a 4 vezes por mês (em torno de 633.098 pessoas), 9,68% frequentam bares de 2 a 3 vezes por semana (em torno de 85.500 pessoas) e 6,45% frequentam 4 vezes ou mais por semana (em torno de 57.224 pessoas), podemos obter um público médio de 776.202 pessoas por mês.

Dessas pessoas, 70% estão dispostas a pagar de R$ 5,00 a R$ 20,00 por uma noite em um bar e 29,23% pretendem pagar R$ 20,00 a R$ 40,00, representando um potencial de consumo de público-alvo de aproximadamente 543.342 pessoas/mês dispostas a pagar de R$ 5,00 a R$ 20,00, além de aproximadamente 226.884 pessoas/mês dispostas a pagar de R$ 20,00 a R$ 40,00 por uma noite num bar, obtendo-se uma receita média de R$ 13.869.966,00 por mês no setor de bares de Curitiba.

Essa parcela de mercado é rateada entre os diversos estabelecimentos noturnos em Curitiba, por isso a importância de levarmos em conta os fatores considerados relevantes na pesquisa de mercado, tais como atendimento, ambiente, música, bebidas oferecidas.

Custos de aquisição e apuração do preço de venda

Consideraremos os custos de aquisição dos principais produtos a serem consumidos no estabelecimento e, levando-se em conta uma comparação com a concorrência, atribuiremos o preço de venda desses produtos para projetar a receita do primeiro mês de atuação da empresa.

Tabela 4.14 – Custos de aquisição de mercadorias

Descrição do produto	Custo méd. Unid. (R$)
Cervejas comuns	R$ 1,05
Cervejas especiais	R$ 1,17
Refrigerantes	R$ 0,93
Sucos	R$ 0,90
Vinhos	R$ 9,00
Outras bebidas alcoólicas (garrafa)	R$ 11,00

Tabela 4.15 – Apuração do preço de venda

Descrição do produto	Preço méd. Unid. (R$)
Cervejas comuns	R$ 2,50
Cervejas especiais	R$ 3,50
Refrigerantes	R$ 1,80
Sucos	R$ 2,30
Vinhos	R$ 19,00
Outras bebidas alcoólicas (garrafa)	R$ 21,00

Tabela 4.16 – Receita projetada: 1º mês

Descrição	Média de vendas de cerveja	Média de vendas de outras bebidas e alimentos	Total
1. Receita operacional	R$ 46.200,00	R$ 25.590,00	R$ 71.790,00
1.1 Receitas à vista	R$ 32.240,00	R$ 17.913,00	R$ 50.253,00
1.2 Receitas a prazo (cartões de crédito)	R$ 13.860,00	R$ 7.677,00	R$ 21.537,00

4.4.3 Impostos e contribuições

Tabela 4.17 – Impostos e contribuições: 1º mês

Descrição	Alíquota	Total
Receita operacional bruta		R$ 71.790,00
Impostos sobre vendas		
ICMS	17%	R$ 12.922,20
PIS	1,65%	R$ 1.184,54
Cofins	3%	R$ 2.153,70
TOTAL DOS IMPOSTOS		R$ 16.260,44

4.4.4 Custo dos produtos vendidos

Tabela 4.18 – Mão de obra direta

Descrição	Valor unit.	Quant.	Valor total
Gerente de atendimento	R$ 1.300,00	01	R$ 1.300,00
Caixa	R$ 400,00	01	R$ 400,00
Recepcionista	R$ 400,00	01	R$ 400,00
Cozinheiro	R$ 350,00	01	R$ 350,00
Supervisor de cozinha	R$ 500,00	01	R$ 500,00
Barman	R$ 450,00	02	R$ 900,00
Garçom	R$ 450,00	05	R$ 2.250,00
Encarregado de limpeza	R$ 300,00	01	R$ 300,00
SUBTOTAL			R$ 6.400,00
Encargos Sociais			R$ 5.516,80
TOTAL DA MÃO DE OBRA			R$ 11.916,80

Tabela 4.19 – Estoque inicial

Estoque inicial	Custo total
Compra de estoque de refrigerantes e sucos	R$ 8.250,00
Compra de estoques de cerveja	R$ 17.920,00
Compra de estoques de vinhos e outras bebidas alcoólicas	R$ 5.550,00
Compra de est. de alim. para preparar lanches e petiscos em geral	R$ 1.000,00
Total dos custos com estoque	R$ 32.720,00

Tabela 4.20 – Custo dos produtos vendidos

Descrição	Valor mensal
Mão de obra direta com encargos	R$ 11.916,80
Compra de estoques para venda	R$ 32.720,00
Total dos custos dos produtos vendidos	R$ 44.636,80

4.4.5 Despesas operacionais

Despesas operacionais são aquelas que não estão diretamente relacionadas à prestação de serviços, mas são necessárias para o funcionamento da empresa.

Fazem parte das despesas operacionais os custos fixos, que ocorrem havendo ou não a venda de produtos.

4.4.6 Despesas administrativas

As despesas administrativas referem-se a gastos com mão de obra direta.

Tabela 4.21 – Despesas administrativas

Descrição	Valor
Gerente administrativo	R$ 1.100,00
Auxiliar administrativo	R$ 500,00
Encargos sociais sobre folha de pagamento da administração	R$ 1.379,20
Total da folha de pagamento referente à administração com encargos	R$ 2.979,20
Honorários pagos ao contador	R$ 550,00
Mão de obra terceirizada referente à segurança	R$ 900,00

(continua)

(Tabela 4.21 – conclusão)

Descrição	Valor
Total da mão de obra indireta sem encargos	R$ 1.450,00
Pró-labore	R$ 2.000,00
Encargos sociais sobre honorários da diretoria	R$ 750,00
Total da mão de obra com encargos	R$ 3.750,00
Total da mão de obra indireta	R$ 7.179,20

4.4.7 Despesas gerais

As despesas gerais são formadas pelas despesas do cotidiano da empresa e entre a depreciação dos bens da empresa.

Todos os bens fixos de uma empresa estão sujeitos à depreciação ao longo dos anos, com uma maior ou menor taxa conforme o tipo de bem. Essa depreciação deve ser considerada para apurar se devem ser incluídos como custos ou despesas na formação do preço de venda e, também, para a apuração dos resultados da empresa.

A depreciação dos bens ocorre por três motivos:

- **Desgaste natural** – Desgaste proveniente de uso ao longo do tempo, ação dos elementos da natureza como umidade, sol e chuvas.
- **Causas funcionais** – Cuidado inadequado de quem utiliza os equipamentos/bens, negligência, que acelera a depreciação ou deprecia totalmente o bem.
- **Evolução tecnológica** – À medida que são lançados novos equipamentos que substituem os antigos, estes se tornam obsoletos e desvalorizados, acarretando depreciação.

Neste estabelecimento, a depreciação será calculada pelo Método da Depreciação Linear (MDL).

A taxa anual de depreciação será de:

- 10% para instalações, máquinas, equipamentos, móveis e utensílios;
- 20% para equipamentos de informática e seus periféricos;
- 4% para reformas;
- 25% para outros.

A taxa anual de manutenção será de:

- 0,20% sobre os móveis e os utensílios;
- 1% sobre as instalações;
- 1,5% para equipamentos eletrônicos e de informática.

A taxa de seguro anual será de:

- 0,20% para móveis e utensílios;
- 1% sobre equipamentos eletrônicos e de informática.

Tabela 4.22 – Despesas com depreciação anual

Discriminação	Valor total	Taxa de depreciação anual	Valor da depreciação anual
Móveis e utensílios	R$ 15.879,00	10%	R$ 1.587,90
Instalações	R$ 18.922,00	10%	R$ 1.892,20
Equip. eletr./informática	R$ 31.684,40	20%	R$ 6.336,88
TOTAL	R$ 66.485,40		R$ 9.816,98

Tabela 4.23 – Despesas com manutenção anual

Discriminação	Valor total	Taxa de manutenção anual	Valor das despesas c/ manut. Anual
Móveis e utensílios	R$ 15.879,00	0,50%	R$ 79,40
Instalações	R$ 18.922,00	1%	R$ 189,22
Equip. eletr./informática	R$ 31.684,40	1,5%	R$ 475,27
TOTAL	R$ 66.485,40		R$ 743,88

Tabela 4.24 – Despesas com seguro anual

Discriminação	Valor total	Taxa de seguro anual	Valor das despesas c/ seguro anual
Móveis e utensílios	R$ 15.879,00	0,20%	R$ 31,76
Equip. eletr./informática	R$ 31.684,40	1%	R$ 475,27
TOTAL	R$ 47.563,40		R$ 507,02

Tabela 4.25 – Despesas gerais: 1º mês

Discriminação	Valor
Aluguel	R$ 3.150,00
Seguro saúde para funcionários	R$ 1.700,00
Suprimento de informática e manutenção de *software*	R$ 150,00
Combustível	R$ 120,00
Material de limpeza	R$ 150,00
Material de escritório	R$ 693,00
Despesas postais	R$ 20,00
Água	R$ 210,00
Energia elétrica	R$ 490,00
Telefone	R$ 240,00
Internet a cabo	R$ 85,00
Depreciação	R$ 818,08
Seguro	R$ 42,26
Manutenção	R$ 61,99
Total	R$ 7.930,33

Demonstração de resultado do exercício (DRE)

A DRE é um instrumento contábil para mostrar com exatidão o resultado da empresa em determinado exercício social. Ela identifica se a empresa obteve lucro ou prejuízo nas operações, em determinado período de tempo, e também mostra quais fatores levaram a empresa a obter lucro ou prejuízo.

A DRE começa identificando a receita operacional bruta obtida (faturamento total da empresa) e, após sucessivas adições e subtrações, chega-se ao resultado líquido do exercício.

Tabela 4.26 – DRE 2007: 1º semestre

Demonstração do resultado do exercício – 2007							
Contas	Jan.	Fev.	Mar.	Abr.	Maio	Jun.	Total
Receita bruta	75.525,00	88.534,00	90.585,00	90.675,00	93.856,00	96.262,00	535.437,00
(-) Deduções da receita	17.861,66	20.938,29	21.423,35	21.444,64	22.196,94	22.765,96	126.630,85
Inadimplência	2.265,75	2.656,02	2.717,55	2.720,25	2.815,68	2.887,86	16.063,11
Impostos	15.595,91	18.282,27	18.705,80	18.724,39	19.381,26	19.878,10	110.567,74
ICMS	12.839,25	15.050,78	15.399,45	15.414,75	15.955,52	16.364,54	91.024,29
PIS	490,91	575,47	588,80	589,39	610,06	625,70	3.480,34
Cofins	2.265,75	2.656,02	2.717,55	2.720,25	2.815,68	2.887,86	16.063,11
Receita líquida	57.663,34	67.595,71	69.161,65	69.230,36	71.659,06	73.496,04	408.806,15
(-) C.P.V.	42.582,80	45.411,80	46.168,80	45.771,80	46.834,80	47.580,80	274.350,80
Lucro bruto	15.080,54	22.183,91	22.992,85	23.458,56	24.824,26	25.915,24	134.455,35
(-) Desp. operacionais	18.109,53	17.216,53	17.216,53	17.216,53	16.516,53	16.516,53	102.792,18
Administrativas	7.179,20	7.179,20	7.179,20	7.179,20	7.179,20	7.179,20	43.075,20
Desp. de marketing	3.000,00	2.700,00	2.700,00	2.700,00	2.000,00	2.000,00	15.100,00
Despesas gerais	7.930,33	7.337,33	7.337,33	7.337,33	7.337,33	7.337,33	44.616,98
Lucro operacional	(3.028,99)	4.967,38	5.776,32	6.242,03	8.307,73	9.398,71	31.663,17
Lucro antes do IRPJ e Contribuição Social	(3.028,99)	4.967,38	5.776,32	6.242,03	8.307,73	9.398,71	31.663,17
		745,11	866,45	936,30	1.246,16	1.409,81	5.203,82
Lucro líquido	(3.028,99)	4.222,27	4.909,87	5.305,73	7.061,57	7.988,90	26.459,35

Tabela 4.27 – DRE 2007: 2º Semestre

Demonstração do resultado do exercício – 2007							
Contas	Jul.	Ago.	Set.	Out.	Nov.	Dez.	Total
Receita Bruta	101.828,00	103.010,00	103.650,00	103.976,00	103.072,00	103.095,00	618.631,00
(-) Deduções da Receita	24.082,32	24.361,87	24.513,23	24.590,32	24.376,53	24.381,97	146.306,23
Inadimplência	3.054,84	3.090,30	3.109,50	3.119,28	3.092,16	3.092,85	18.558,93
Impostos	21.027,48	21.271,57	21.403,73	21.471,04	21.284,37	21.289,12	127.747,30
ICMS	17.310,76	17.511,70	17.620,50	17.675,92	17.522,24	17.526,15	105.167,27
PIS	661,88	669,57	673,73	675,84	669,97	670,12	4.021,10
Cofins	3.054,84	3.090,30	3.109,50	3.119,28	3.092,16	3.092,85	109.188,37
Receita líquida	77.745,68	78.648,14	79.136,78	79.385,68	78.695,47	78.713,03	472.324,77
(-) C.P.V.	49.860,70	50.075,40	50.108,60	50.010,30	55.836,20	55.847,20	311.738,40
Lucro bruto	27.884,98	28.572,74	29.028,18	29.375,38	22.859,27	22.865,83	160.586,37
(-) Desp. operacionais	16.516,53	16.516,53	16.516,53	16.516,53	18.006,13	18.006,13	102.078,38
Administrativas	7.179,20	7.179,20	7.179,20	7.179,20	8.668,80	8.668,80	46.054,40
Desp. de marketing	2.000,00	2.000,00	2.000,00	2.000,00	2.000,00	2.000,00	12.000,00
Despesas gerais	7.337,33	7.337,33	7.337,33	7.337,33	7.337,33	7.337,33	58.054,40
Lucro operacional	11.368,45	12.056,21	12.511,65	12.858,85	4.853,14	4.859,70	58.507,99
Lucro antes do IRPJ	11.368,45	12.056,21	12.511,65	12.858,85	4.853,14	4.859,70	58.507,99
IRPJ	1.705,27	1.808,43	1.876,75	1.928,83	727,97	728,96	8.776,20
Lucro líquido	9.663,18	10.247,77	10.634,90	10.930,02	4.125,17	4.130,75	49.731,79

Tabela 4.28 – DRE 2008 a 2011

Demonstração do resultado do exercício – 2008 a 2011					
Contas	2008	2009	2010	2011	Total
Receita bruta	1.286.752,48	1.338.222,58	1.405.133,71	1.475.390,39	5.505.499,16
(-) Deduções da receita	304.316,96	316.489,64	332.314,12	348.929,83	1.302.050,55
Inadimplência	38.602,57	40.146,68	42.154,01	44.261,71	165.164,97
Impostos	265.714,39	276.342,96	290.160,11	304.668,12	1.136.885,58
ICMS	218.747,92	227.497,84	238.872,73	250.816,37	935.934,86
PIS	8.363,89	8.698,45	9.133,37	9.590,04	35.785,74
Cofins	38.602,57	40.146,68	42.154,01	44.261,71	165.164,97
Receita líquida	982.435,52	1.021.732,94	1.072.819,59	1.126.460,57	4.203.448,61
(-) C.P.V.	645.298,49	667.883,94	694.599,29	722.383,26	2.730.164,98
Lucro bruto	337.137,03	353.849,00	378.220,29	404.077,30	1.473.283,63
(-) Desp. Operacionais	232.217,60	246.150,66	246.150,66	260.919,70	985.438,61
Administrativas	92.108,80	97.635,33	97.635,33	103.493,45	390.872,90
Desp. de marketing	24.000,00	25.440,00	25.440,00	26.966,40	101.846,40
Despesas gerais	116.108,80	123.075,33	123.075,33	130.459,85	492.719,30
Lucro operacional	104.919,43	107.698,35	132.069,64	143.157,61	487.845,02
Lucro antes do IRPJ	104.919,43	107.698,35	132.069,64	143.157,61	487.845,02
IRPJ	15.737,91	16.154,75	19.810,45	21.473,64	73.176,75
Lucro líquido	89.181,52	91.543,60	112.259,19	121.683,97	414.668,27

4.4.9 Projeção de fluxos de caixa

O fluxo de caixa é um dos mais importantes itens da demonstração financeira. A análise dele permite ao administrador visualizar o fluxo de entradas e saídas de recursos durante determinado período de tempo e possibilita a criação de um planejamento financeiro com base nas informações obtidas.

O fluxo de caixa é muito importante porque demonstra se a empresa vai precisar de capital ou não. Com essas informações antecipadas, o administrador poderá efetuar empréstimos e fazer aplicações financeiras em tempo hábil.

Quando o fluxo de caixa se torna abundante, a empresa se encontra em posição confortável. Normalmente, as empresas optam por aplicar o dinheiro num banco ou em ações, aumentar os prazos de venda para clientes, modernizar máquinas e equipamentos, desenvolver novos empreendimentos, aumentar a quantidade de estoques etc.

Quando o fluxo de caixa é deficitário, ocorre insuficiência de recursos e a empresa tenta reduzir ao máximo os gastos, alongar mais as dívidas, vender ativo imobilizado que não utiliza, reduzir o prazo de venda e alongar o prazo de compra.

Tabela 4.29 – Fluxo de caixa 2007: 1º semestre

Fluxo de caixa de jan./2007 A jun./2007

Contas	*	Jan.	Fev.	Mar.	Abr.	Maio	Jun.	Total
INVESTIMENTO INICIAL	158.872,73	-	-	-	-	-	-	171.267,73
SALDO INICIAL		0	15.327,02	19.030,40	23.772,71	28.750,76	36.094,49	
ENTRADAS		73.259,25	85.877,98	87.867,45	87.954,75	91.040,32	93.374,14	519.373,89
Receita		75.525,00	88.534,00	90.585,00	90.675,00	93.856,00	96.262,00	535.437,00
(-) Inadimplência		2.265,75	2.656,02	2.717,55	2.720,25	2.815,68	2.887,86	16.063,11
SUBTOTAL		73.259,25	101.205,00	106.889,85	111.727,46	119.791,08	129.468,63	642.349,27
SAÍDAS		57.932,23	82.174,60	83.125,13	82.976,71	83.696,58	84.939,42	474.844,68
Compra de estoques		30.666,00	33.495,00	34.252,00	33.855,00	34.918,00	35.664,00	202.850,00
Salários			8.000,00	8.000,00	8.000,00	8.000,00	8.000,00	40.000,00
Aluguel		3.150,00	3.150,00	3.150,00	3.150,00	3.150,00	3.150,00	18.900,00
Encargos (mês seguinte)		-	8.620,00	8.620,00	8.620,00	8.620,00	8.620,00	43.100,00
Propaganda (à vista)		3.200,00	3.000,00	3.000,00	3.000,00	2.000,00	2.000,00	16.200,00
Honorários contábeis		550,00	550,00	550,00	550,00	550,00	550,00	3.300,00

(continua)

(Tabela 4.29 – conclusão)

Fluxo de caixa de jan./2007 A jun./2007

Contas	*	Jan.	Fev.	Mar.	Abr.	Maio	Jun.	Total
MO terceirizada – segurança			900,00	900,00	900,00	900,00	900,00	4.500,00
Sup. informática		150,00	150,00	150,00	150,00	150,00	150,00	900,00
Combustível		120,00	120,00	120,00	120,00	120,00	120,00	720,00
Material de limpeza e de exped.		150,00	150,00	150,00	150,00	150,00	150,00	900,00
Material de escritório		693,00	100,00	100,00	100,00	100,00	100,00	1.193,00
Desp. postais		20,00	20,00	20,00	20,00	20,00	20,00	120,00
Água		210,00	210,00	170,00	210,00	210,00	210,00	1.220,00
Energia Elétrica		490,00	490,00	300,00	490,00	490,00	490,00	2.750,00
Pro-labore			2.000,00	2.000,00	2.000,00	2.000,00	2.000,00	10.000,00
Telefone		230,00	230,00	230,00	230,00	230,00	230,00	1.380,00
Internet a cabo		85,00	85,00	85,00	85,00	85,00	85,00	510,00
Depreciação		818,08	818,08	818,08	818,08	818,08	818,08	4.908,48
Seguro		42,25	42,26	42,26	42,25	42,25	42,25	253,52
Manutenção		61,99	61,99	61,99	61,99	61,99	61,99	371,94
PIS/Cofins/ICMS		15.595,91	18.282,27	18.705,80	18.724,39	19.381,26	19.878,10	110.567,74
Outros (seg.saúde/refeição)		1.700,00	1.700,00	1.700,00	1.700,00	1.700,00	1.700,00	10.200,00
SUBTOTAL		15.327,02	3.703,38	4.742,32	4.978,04	7.343,74	8.434,72	
SALDO FINAL	(158.872,73)	15.327,02	19.030,40	23.772,71	28.750,76	36.094,49	44.529,21	

Tabela 4.30 – Fluxo de caixa 2007: 2º Semestre

Fluxo de caixa de jul./2007 A dez./2007							
Contas	Jul.	Ago.	Set.	Out.	Nov.	Dez.	Total
SALDO INICIAL	44.529,21	54.933,67	66.025,88	77.573,54	89.468,39	94.847,13	
ENTRADAS	98.773,16	99.919,70	100.540,50	100.856,72	99.979,84	100.002,15	600.072,07
Receita	101.828,00	103.010,00	103.650,00	103.976,00	103.072,00	103.095,00	618.631,00
(-) Inadimplência	3.054,84	3.090,30	3.109,50	3.119,28	3.092,16	3.092,85	18.558,93
SUBTOTAL	143.302,37	154.853,37	166.566,38	178.430,26	189.448,23	194.849,28	1.027.449,89
SAÍDAS	88.368,70	88.827,49	88.992,85	88.961,86	94.601,11	92.892,86	542.644,86
Compra de estoques	37.943,90	38.158,60	38.191,80	38.093,50	43.919,40	43.930,40	240.237,60
Salários	8.000,00	8.000,00	8.000,00	8.000,00	8.000,00	8.000,00	48.000,00
Aluguel	3.150,00	3.150,00	3.150,00	3.150,00	3.150,00	3.150,00	18.900,00
Encargos (mês seguinte)	8.620,00	8.620,00	8.620,00	8.620,00	8.620,00	6.896,00	49.996,00
Propaganda (à vista)	2.000,00	2.000,00	2.000,00	2.000,00	2.000,00	2.000,00	12.000,00
Honorários contábeis	550,00	550,00	550,00	550,00	550,00	550,00	3.300,00
MO terceirizada – segurança	900,00	900,00	900,00	900,00	900,00	900,00	5.400,00
Sup. informática	150,00	150,00	150,00	150,00	150,00	150,00	900,00
Combustível	120,00	120,00	120,00	120,00	120,00	120,00	720,00
Material de limpeza e de exped.	150,00	150,00	150,00	150,00	150,00	150,00	900,00
Material de escritório	100,00	100,00	100,00	100,00	100,00	100,00	600,00
Desp. postais	20,00	20,00	20,00	20,00	20,00	20,00	120,00
Água	210,00	210,00	210,00	210,00	210,00	210,00	1.260,00

(continua)

(Tabela 4.30 – Conclusão)

Fluxo de caixa de jul./2007 A dez./2007							
Contas	Jul.	Ago.	Set.	Out.	Nov.	Dez.	Total
Energia Elétrica	490,00	490,00	490,00	490,00	490,00	490,00	2.940,00
Pró-labore	2.000,00	2.000,00	2.000,00	2.000,00	2.000,00	2.000,00	12.000,00
Telefone	230,00	230,00	230,00	230,00	230,00	230,00	1.380,00
Internet a cabo	85,00	85,00	85,00	85,00	85,00	85,00	510,00
Depreciação	818,08	818,08	818,08	818,08	818,10	818,10	4.908,52
Seguro	42,25	42,25	42,25	42,25	42,25	42,25	253,50
Manutenção	61,99	61,99	61,99	61,99	61,99	61,99	371,94
PIS/Cofins/ICMS	21.027,48	21.271,57	21.403,73	21.471,04	21.284,37	21.289,12	127.747,30
Outros (seg. saúde/refeição)	1.700,00	1.700,00	1.700,00	1.700,00	1.700,00	1.700,00	10.200,00
SUBTOTAL	10.404,46	11.092,22	11.547,66	11.894,86	5.378,73	7.109,29	
SALDO FINAL	54.933,67	66.025,88	77.573,54	89.468,39	94.847,13	101.956,42	

Tabela 4.31 – Fluxo de caixa de 2008 a 2011

Fluxo de caixa de 2008 a 2011					
Contas	2008	2009	2010	2011	Total
SALDO INICIAL	101.956,42	222.014,97	352.658,84	493.753,19	
ENTRADAS	1.248.149,91	1.298.075,90	1.362.979,70	1.431.128,68	5.340.334,19
Receita	1.286.752,48	1.338.222,58	1.405.133,71	1.475.390,39	5.505.499,16
(-) inadimplência	38.602,57	40.146,68	42.154,01	44.261,71	165.164,97
SUBTOTAL	1.350.106,32	1.520.090,87	1.715.638,54	1.924.881,87	6.510.717,60
SAÍDAS	1.128.091,36	1.167.432,03	1.221.885,35	1.271.061,23	4.788.469,97
Compra de estoques	520.296,89	542.882,34	569.597,69	597.381,66	2.230.158,58
Salários	96.000,00	96.000,00	98.880,00	98.880,00	389.760,00
Aluguel	37.800,00	40.068,00	42.472,08	45.020,40	165.360,48
Encargos (mês seguinte)	82.752,00	82.752,00	85.234,56	85.234,56	335.973,12
Propaganda (à vista)	24.000,00	25.440,00	26.966,40	28.584,38	104.990,78
Honorários contábeis	6.600,00	6.600,00	6.996,00	6.996,00	27.192,00

(continua)

(Tabela 4.31 – Conclusão)

Fluxo de caixa de 2008 a 2011					
Contas	2008	2009	2010	2011	Total
MO terceirizada – segurança	10.800,00	10.800,00	11.448,00	11.448,00	44.496,00
Sup. informática	1.800,00	1.908,00	2.022,48	2.143,83	7.874,31
Combustível	1.440,00	1.526,40	1.617,98	1.715,06	6.299,45
Material de limpeza e de expediente	1.800,00	1.908,00	2.022,48	2.143,83	7.874,31
Material de escritório	1.200,00	1.272,00	1.348,32	1.429,22	5.249,54
Desp. postais	240,00	254,40	269,66	285,84	1.049,91
Água	2.520,00	2.671,20	2.831,47	3.001,36	11.024,03
Energia elétrica	5.880,00	6.232,80	6.606,77	7.003,17	25.722,74
Pró-labore	24.000,00	24.000,00	24.720,00	24.720,00	97.440,00
Telefone	2.760,00	2.925,60	3.101,14	3.287,20	12.073,94
Internet a cabo	1.020,00	1.081,20	1.146,07	1.214,84	4.462,11
Depreciação	9.817,20	9.817,20	9.817,20	9.817,20	39.268,80
Seguro	507,00	537,42	569,67	603,85	2.217,93
Manutenção	743,88	788,51	835,82	885,97	3.254,19
PIS/Cofins/ICMS	265.714,39	276.342,96	290.160,11	304.668,12	1.136.885,58
Outros (seg. saúde/ refeição)	20.400,00	21.624,00	22.921,44	24.296,73	89.242,17
13º salário	10.000,00	10.000,00	10.300,00	10.300,00	40.600,00
SUBTOTAL	120.058,55	130.643,87	141.094,35	160.067,45	
SALDO FINAL	222.014,97	352.658,84	493.753,19	653.820,64	

4.4.10 Projeção do balanço patrimonial

Tabela 4.32 – Balanço patrimonial: exercício de 2007

Balanço patrimonial 31.12.2007			
Ativo		Passivo	
Circulante		Circulante	
Caixa e bancos	101.956,42	Salários e pró-labore a pagar	14.896,00
Estoques	35.943,33	Contas a pagar	4.766,99
Total do circulante	137.899,75	pró-labore a pagar	2.000,00
		Seguros a pagar	1.742,25
		Propagandas	2.000,00

(continua)

(Tabela 4.32 – Conclusão)

Balanço patrimonial 31.12.2007			
Ativo		Passivo	
Permanente		Honorários contábeis	550,00
		Impostos a pagar	21.289,12
Imobilizado		MO terceirizada – segurança	900,00
Móveis e utensílios	15.879,00	Total do circulante	48.144,36
Equip. eletrônicos e de informática	44.584,40		
Instalações	18.922,00		
Depreciação	(12.396,98)		
Total do imobilizado	66.988,42	Patrimônio líquido	
		Capital social	300.000,00
Diferido		Capital a integralizar	(170.200,00)
Despesas de organização	49.247,33	Lucros acumulados	76.191,14
Total do diferido	49.247,33	Total do patrimônio líquido	205.991,14
Total do permanente	116.235,75		
TOTAL	254.135,50	TOTAL	254.135,50

Tabela 4.33 – Balanço patrimonial: exercício de 2008

Balanço patrimonial 31.12.2008			
Ativo		Passivo	
Circulante		Circulante	
Caixa e bancos	222.014,97	Salários e pró-labore a pagar	14.896,00
Estoques	30.628,86	Contas a pagar	4.766,99
Total do circulante	252.643,83	pró-labore a pagar	2.000,00
		Seguros a pagar	1.742,25
Permanente		Propagandas	2.000,00
		Honorários contábeis	550,00
Imobilizado		Impostos a pagar	22.142,87
Móveis e utensílios	15.879,00	MO terceirizada – segurança	900,00

(continua)

(Tabela 4.33 – Conclusão)

Balanço patrimonial 31.12.2008			
Ativo		Passivo	
Equip. eletrônicos e de informática	44.584,40	Total do Circulante	48.998,11
Instalações	18.922,00		
Depreciação	(24.793,96)		
Total do imobilizado	54.591,44		
Diferido		Patrimônio líquido	
Despesas de organização	49.247,33	Capital social	300.000,00
Amortização	(12.311,83)	Capital a integralizar	(170.200,00)
Total do diferido	36.935,50	Lucros acumulados	165.372,66
		Total do patrimônio líquido	295.172,66
Total do permanente	91.526,94		
Total	344.170,77	Total	344.170,77

Tabela 4.34 – Balanço patrimonial: exercício de 2009

Balanço patrimonial 31.12.2009			
Ativo		Passivo	
Circulante		Circulante	
Caixa e bancos	352.658,84	Salários e pró-labore a pagar	14.896,00
Estoques	17.171,54	Contas a pagar	5.053,01
Total do circulante	369.830,38	pró-labore a pagar	2.000,00
		Seguros a pagar	1.846,79
		Propagandas	2.120,00
Permanente		Honorários contábeis	550,00
		Impostos a pagar	22.566,47
Imobilizado		MO terceirizada – segurança	900,00
Móveis e utensílios	15.879,00	Total do circulante	49.932,26
Equip. eletrônicos e de informática	44.584,40		
Instalações	18.922,00		
Depreciação	(37.190,94)		
Total do imobilizado	42.194,46		

(continua)

(Tabela 4.34 – Conclusão)

Balanço patrimonial 31.12.2009			
Ativo		Passivo	
Diferido		Patrimônio líquido	
Despesas de organização	49.247,33	Capital social	300.000,00
Amortização	(24.623,66)	Capital a integralizar	(170.200,00)
Total do diferido	24.623,67	Lucros acumulados	256.916,25
		Total do patrimônio líquido	386.716,25
Total do permanente	66.818,13		
TOTAL	436.648,51	TOTAL	436.648,51

Tabela 4.35 – Balanço patrimonial: exercício de 2010

Balanço patrimonial 31.12.2010			
Ativo		Passivo	
Circulante		Circulante	
Caixa e bancos	493.753,19	Salários e pró-labore a pagar	15.342,88
Estoques	15.534,25	Contas a pagar	5.356,19
Total do circulante	509.287,44	pró-labore a pagar	2.060,00
		Seguros a pagar	1.957,59
		Propagandas	2.247,20
Permanente		Honorários contábeis	583,00
		Impostos a pagar	23.920,46
Imobilizado		MO terceirizada – segurança	954,00
Móveis e utensílios	15.879,00	Total do circulante	52.421,32
Equip. eletrônicos e de informática	44.584,40		
Instalações	18.922,00		
Depreciação	(49.587,92)		
Total do imobilizado	29.797,48		
Diferido		Patrimônio líquido	
Despesas de organização	49.247,33	Capital social	300.000,00

(continua)

(Tabela 4.35 – Conclusão)

Balanço patrimonial 31.12.2010			
Ativo		Passivo	
Amortização	(36935,49)	Capital a integralizar	(170.200,00)
Total do Diferido	12.311,84	Lucros acumulados	369.175,44
		Total do patrimônio líquido	498.975,44
Total do permanente	42.109,32		
TOTAL	551.396,76	TOTAL	551.396,76

Tabela 4.36 – Balanço patrimonial: exercício de 2011

Balanço patrimonial 31.12.2011			
Ativo		Passivo	
Circulante		Circulante	
Caixa e bancos	653.820,64	Salários e pró-labore a pagar	15.342,88
Estoques	2.433,24	Contas a pagar	5.677,56
Total do circulante	656.253,88	pró-labore a pagar	2.060,00
		Seguros a pagar	2.075,05
Permanente		Propagandas	2.382,03
		Honorários contábeis	583,00
Imobilizado		Impostos a pagar	23.920,46
Móveis e utensílios	15.879,00	MO terceirizada – segurança	954,00
Equip. eletrônicos e de informática	44.584,40	Total do circulante	52.994,98
Instalações	18.922,00		
Depreciação	(61.984,90)		
Total do imobilizado	17.400,50		
Ativo diferido		Patrimônio líquido	
Despesas de organização	49.247,33	Capital social	300.000,00
Amortização	(49.247,33)	Capital a integralizar	(170.200,00)
Total do diferido	-	Lucros acumulados	490.859,40
		Total do patrimônio líquido	620.659,40
Total do permanente	17.400,50		
Total	673.654,38	Total	673.654,38

4.5 Ponto de equilíbrio

Tabela 4.37 – Ponto de equilíbrio: 1º ano

PONTO DE EQUILÍBRIO – 1º ANO												
	JAN./07	FEV./07	MAR./07	ABR./07	MAIO/07	JUN./07	JUL./07	AGO./07	SET./07	OUT./07	NOV./07	DEZ./07
Receita bruta	75.525,00	88.534,00	90.585,00	90.675,00	93.856,00	96.262,00	101.828,00	103.010,00	103.650,00	103.976,00	103.072,00	103.095,00
(-) CPV	42.582,80	45.411,80	46.168,80	45.771,80	46.834,80	47.580,80	49.860,70	50.075,40	50.108,60	50.010,30	55.836,20	55.847,20
(-) Deduções	17.861,66	20.938,29	21.423,35	21.444,64	22.196,94	22.765,96	24.082,32	24.361,87	24.513,23	24.590,32	24.376,53	24.381,97
Margem de contribuição	15.080,54	22.183,91	22.992,85	23.458,56	24.824,26	25.915,24	27.884,98	28.572,74	29.028,18	29.375,38	22.859,27	22.865,83
Custo fixo	18.490,53	18.490,53	18.490,53	18.490,53	18.490,53	18.490,53	18.490,53	18.490,53	18.490,53	18.490,53	18.490,53	18.490,53
Margem de contribuição	15.080,54	22.183,91	22.992,85	23.458,56	24.824,26	25.915,24	27.884,98	28.572,74	29.028,18	29.375,38	22.859,27	22.865,83
Ind. ponto de equilíbrio (%)	1,23	0,83	0,80	0,79	0,74	0,71	0,66	0,65	0,64	0,63	0,81	0,81
Receita bruta	75.525,00	88.534,00	90.585,00	90.675,00	93.856,00	96.262,00	101.828,00	103.010,00	103.650,00	103.976,00	103.072,00	103.095,00
Ponto de equilíbrio	92.602,62	73.794,05	72.847,20	71.471,93	69.909,33	68.682,97	67.522,15	66.661,78	66.023,56	65.448,40	83.373,43	83.368,11

Tabela 4.38 – Ponto de equilíbrio: 2008 a 2011

Ponto de equilíbrio – 2008 a 2011				
	2008	2009	2010	2011
Receita bruta	1.286.752,48	1.338.222,58	1.405.133,71	1.475.390,39
(-) CPV	645.298,49	667.883,94	694.599,29	722.383,26
(-) Deduções	304.316,96	316.489,64	332.314,12	348.929,83
Margem de contribuição	337.137,03	353.849,00	378.220,29	404.077,30
Custo fixo	221.886,36	221.886,36	221.886,36	221.886,36
Margem de contribuição	337.137,03	353.849,00	378.220,29	404.077,30
Índice ponto de equilíbrio (%)	0,66	0,63	0,59	0,55
Receita bruta	1.286.752,48	1.338.222,58	1.405.133,71	1.475.390,39
Ponto de equilíbrio	846.874,71	839.152,67	824.334,41	810.164,30

O ponto de equilíbrio operacional ocorre quando a soma das margens de contribuição de todos os produtos ou serviços vendidos na loja se iguala ao montante necessário para cobrir todos os custos e todas as despesas fixas da empresa. No ponto de equilíbrio alcançado, não haverá nem lucros nem prejuízos para a empresa.

Nas tabelas anteriores, estão determinados os pontos de equilíbrio dos primeiros doze meses e dos quatro anos subsequentes, isto é, para não obter um prejuízo, a empresa necessitará ter uma receita mínima de:

Tabela 4.39 – Receita mínima

Janeiro/2006	92.602,62
Fevereiro/2006	73.794,05
Março/2006	72.847,20
Abril/2006	71.471,93
Maio/2006	69.909,33
Junho/2006	68.682,97
Julho/2006	67.522,15
Agosto/2006	66.661,78
Setembro/2006	66.023,56
Outubro/2006	65.448,40
Novembro/2006	83.373,43
Dezembro/2006	83.368,11
2007	846.874,71
2008	839.152,67
2009	824.334,41
2010	810.164,30

4.6 Análise dos investimentos

A análise de investimentos tem como objetivo averiguar se a empresa é viável financeiramente, sob diversos aspectos financeiros, como prazo de retorno do investimento, valor presente líquido e taxa interna de retorno.

4.6.1 Prazo de retorno do investimento

O prazo de retorno de investimento mostra o tempo que a empresa leva para recuperar todo o seu investimento realizado para a abertura do negócio, ou seja, o investimento inicial do empreendimento.

Tabela 4.40 – Payback

Período de *payback*			
Período	Investimento inicial	Fluxo de caixa do período	Fluxo de caixa acumulado
	(R$ 158.827,73)		(R$ 158.827,73)
1º mês		R$ 15.327,02	(R$ 143.500,71)
2º mês		R$ 3.703,38	(R$ 139.797,33)
3º mês		R$ 4.742,32	(R$ 135.055,01)
4º mês		R$ 4.978,04	(R$ 130.076,97)
5º mês		R$ 7.343,74	(R$ 122.733,23)
6º mês		R$ 8.434,72	(R$ 114.298,51)
7º mês		R$ 10.404,46	(R$ 103.894,04)
8º mês		R$ 11.092,22	(R$ 92.801,83)
9º mês		R$ 11.547,66	(R$ 81.254,17)
10º mês		R$ 11.894,86	(R$ 69.359,31)
11º mês		R$ 5.378,73	(R$ 63.980,58)
12º mês		R$ 7.109,29	(R$ 56.871,29)
2º ano		R$ 120.058,55	R$ 63.187,26
3º ano		R$ 130.643,87	R$ 193.831,13
4º ano		R$ 141.094,35	R$ 334.925,48
5º ano		R$ 160.067,45	R$ 494.992,93

Período de payback = $\dfrac{1 + \text{Investimento inicial} - \text{Valor acumulado do 1º ano}}{\text{Valor acumulado até o 2º ano} - \text{Valor acumulado do 1º ano}}$

Período de payback = $\dfrac{1 + 158.872,73 - 101.956,42}{222.014,97 - 101.956,42}$

Período de payback = 0,47 1 ano e seis meses.

O tempo de retorno de investimento (payback) será de aproximadamente 1 ano e seis meses. O resultado pode ser considerado bom, uma vez que houve um volume de investimento relativamente alto para a abertura de uma empresa desse ramo.

O fluxo de caixa da empresa foi beneficiado em alguns aspectos, como sazonalidade. Em épocas quentes, como o período de verão, a venda de bebidas aumenta substancialmente, elevando a lucratividade da empresa nesses períodos.

4.6.2 Valor presente líquido e taxa interna de retorno

Tabela 4.41 – VPL e TIR

VPL			
Período	Investimento inicial	Fluxo de caixa do período	Valor atual
	(R$ 158.872,73)		
1º ano		R$ 101.956,42	R$ 78.428,02
2º ano		R$ 120.058,55	R$ 71.040,56
3º ano		R$ 130.643,87	R$ 59.464,66
4º ano		R$ 141.094,35	R$ 49.401,05
5º ano		R$ 160.067,45	R$ 43.110,82

Valor total das entradas de caixa descontadas	R$ 301.445,11
(-) Valor investimento inicial	R$ 158.872,73
(=) Valor presente líquido	R$ 142.572,38
TIR (%) ao ano	68,74

O método de VPL (valor presente líquido) consiste em calcular o fluxo de caixa atual (receitas e despesas) usando a taxa mínima de atratividade proposta pelos investidores.

A taxa mínima de atratividade é a taxa mínima de juros que leva o investidor a optar por determinado projeto de investimento.

A taxa mínima de atratividade proposta neste plano de negócios é de 30% ao ano, durante o prazo de 5 anos.

Nesse método, os fluxos de caixa da proposta serão convertidos ao valor presente, por meio da aplicação da taxa mínima de atratividade. O VPL é a diferença entre os valores atuais das entradas líquidas de caixa e das saídas de caixa relativas ao investimento líquido. Portanto, o VPL corresponde a uma quantificação dos benefícios adicionais provocados pela proposta.

Conforme a Tabela 4.42, o VPL deste projeto é de R$ 142.572,38. Quando o VPL é maior que zero, significa que o projeto é viável, pois a empresa está obtendo um retorno maior que o exigido pela taxa mínima de atratividade utilizada.

Devemos considerar ainda a TIR (taxa interna de retorno), que é a taxa que iguala o valor atual das entradas líquidas de caixa ao valor atual dos desembolsos relativos ao investimento líquido.

Por meio do quadro anterior, podemos observar que a TIR é de 68,74% ao ano ou 4,46% ao mês, que é uma taxa bastante atrativa para o negócio.

Para determinar a viabilidade do negócio, devemos comparar a taxa mínima de atratividade (nesse caso, 30%) com a TIR obtida. Se a TIR for maior ou igual à taxa mínima de atratividade, a proposta do investimento poderá ser aprovada. Nesse caso, podemos determinar que o negócio é viável, obtendo-se um retorno satisfatório, uma vez que a TIR corresponde a mais do que o dobro da taxa mínima de atratividade.

5 Viabilidade do plano

Após definirmos, no plano de negócios, a estrutura da empresa, o plano de *marketing* e o plano financeiro, podemos fazer uma análise geral sobre o projeto.

A grande aceitação do negócio por meio do plano de *marketing* leva o empreendedor a optar pela implementação deste. Contudo, é necessário ter cautela, uma vez que pesquisas de mercado de dados primários e secundários também podem ter uma margem de erro. É essencial conhecermos e nos aprofundarmos no mercado potencial, aproveitando oportunidades e necessidades do consumidor, para podermos criar vantagens competitivas por meio desse conhecimento.

Determinar uma equipe de trabalho experiente e com competência para administrar o negócio também pode ser considerado de suma importância para o sucesso do empreendimento ou para despertar o interesse de investidores no plano de negócios.

O plano financeiro também demonstrou a viabilidade do negócio, por meio de demonstrativos contábeis e análise de investimentos, concluindo-se que a rentabilidade será alcançada. Devemos ressaltar, nesse caso, a importância da administração e do controle financeiro nas atividades empresariais e, principalmente, na obtenção de lucros.

Em síntese, a empresa se mostrou viável em todos os aspectos, tornando o plano de negócios um projeto possível de ser realizado.

Para concluir...

Espero que você tenha aproveitado esta obra para aprender um pouco mais a respeito de como elaborar um plano de negócio e que a sua possível pergunta inicial de "Por onde começar um plano de negócios?" tenha sido respondida a contento.

Consideramos oportuno, no entanto, enfatizar que o fator substancial para a efetivação de um plano de negócios é não perder a conexão com o contexto deste. Isso implica postura e ação. Você percebeu que durante toda a elaboração do plano fizemos inúmeras perguntas? Isso é uma postura necessária ao empreendedor: buscar conhecer o seu negócio, o seu ambiente, e as teorias e as práticas relativas ao produto e/ou serviço no âmbito de suas atividades, ou seja, buscar saber para fazer. Além disso, você precisa ser muito honesto consigo – aquilo que popularmente chamamos de "pés no chão". Pode parecer um paradoxo, mas é necessário que você tenha os "pés no chão" para dar "asas" aos seus sonhos – ao seu empreendimento. Consciente desse processo, agora é só você "arregaçar as mangas" e trabalhar muito para obter as respostas às suas perguntas e desenvolver e escrever seu próprio plano de negócios.

À medida que você desenvolver o seu plano de negócios e responder às questões que foram propostas, novas dúvidas surgirão, o que o levará a buscar novas respostas. Algumas delas você poderá encontrar no modelo de plano de negócios apresentado neste livro.

Apesar de ter sido escrito em 2006, esse exemplo de plano de negócios facilita o entendimento sobre as etapas desenvolvidas no modelo e permite uma associação com vários tipos de empreendimento, possibilitando cumprir com a sua finalidade: servir como um roteiro para a elaboração de um plano para qualquer tipo de negócio. Esse foi o nosso objetivo ao detalharmos aspectos-chave da construção de um plano de negócios, ao relacionarmos as várias disciplinas envolvidas e ao estabelecermos suas conexões com os níveis estratégicos, táticos e operacionais dos empreendimentos.

Glossário

Ativo: parte do balanço patrimonial que representa os bens e os direitos da empresa, ou, ainda, a parte que indica os investimentos que a empresa realizou.

Ativos circulantes: parte dos bens e dos direitos da empresa que podem ser convertidos em dinheiro num curto espaço de tempo.

Ativos fixos: são os bens e os direitos relativamente permanentes disponíveis na empresa.

Avaliação com base no fluxo de caixa: valor de um negócio determinado pela comparação entre as taxas esperada e exigida do retorno do investimento.

Capital de giro: recurso financeiro que a empresa necessita para movimentar o seu negócio. Pode ser calculado subtraindo-se os passivos circulantes dos ativos circulantes de uma empresa.

Classes sociais: divisões de uma sociedade por fatores predeterminados de prestígio e poder aquisitivo. Pode ser utilizada na segmentação de mercado.

Concorrência: ocorre quando outras empresas produzem ou vendem produtos iguais ou similares aos nossos.

Contas a pagar: crédito concedido pelos fornecedores à empresa.

Contas a receber: crédito concedido pela empresa a seus clientes.

Crédito: acordo para adiar o pagamento de um produto ou serviço.

Custo das mercadorias vendidas ou **custo dos serviços prestados**: refere-se aos gastos que estão diretamente relacionados à produção e à venda de um determinado produto ou serviço.

Custo total: custo de produtos vendidos ou serviços prestados mais as despesas de venda e as despesas administrativas gerais de uma empresa.

Custos fixos: são aqueles que permanecem constantes na empresa, independentemente do montante de vendas.

Custos variáveis: são aqueles que se alteram em função da quantidade de produtos ou serviços vendidos.

Decisão estratégica: decisão a respeito da direção a ser tomada por uma empresa em relação aos seus clientes e concorrentes.

Demonstração do resultado do exercício: demonstração financeira da parte operacional de uma empresa, mostrando seus ganhos ou suas perdas em função das atividades realizadas e dos custos para realizá-las.

Depreciação: redução contábil dos ativos fixos da empresa ao longo de sua vida útil, a qual ocorre de forma parcelada, utilizando-se de critérios legais. Não é uma saída de caixa, pois entra como débito não monetário nas demonstrações contábeis.

Distribuição: movimentação física de produtos ou serviços para levá-los aos clientes da empresa.

Empreendedor: pessoa que começa ou operacionaliza um negócio.

Equipe gerencial: gerentes e pessoas-chave que traçam a direção geral de uma empresa.

Financiamentos: recursos utilizados pela empresa para manter um determinado nível de investimentos.

Garantia: promessa de funcionamento de um produto/serviço ou bens que garantem uma operação, geralmente de crédito.

Investimentos: tudo que a empresa utiliza de recursos, que são alocados em seus ativos, para gerar um nível de atividade.

Juros: quantia cobrada para remunerar determinado capital.

Liquidez: capacidade de cumprir com as obrigações financeiras vincendas da empresa.

Lucro: ganho obtido de uma operação (de venda), calculado pelo montante de receitas menos o de despesas.

Marca: meio simbólico de identificar um determinado produto/serviço.

Margem de contribuição: é calculada pela subtração do custo da mercadoria vendida ou do serviço prestado das receitas geradas pela empresa.

Marketing mix: *mix* de produtos oferecidos por uma empresa.

Mercado: grupo de clientes com necessidades a serem atendidas e com poder de compra.

Necessidades: ponto de partida para todo comportamento; no caso deste livro, para auxiliar nas decisões de compra.

Orçamento: expressão, em termos monetários, dos planos futuros de uma determinada empresa.

Passivos circulantes: obrigações de curto prazo devidas a terceiros. Financeiramente falando, os financiamentos dos investimentos de uma empresa.

Pesquisa de mercado: dados sobre o mercado buscados, compilados e interpretados.

Plano *de marketing*: descrição de clientes, fornecedores e concorrentes que permite traçar uma estratégia de entrada e manutenção no mercado.

Plano de negócios: documento contendo a ideia de um negócio e como será o seu desenvolvimento.

Plano financeiro: documento contendo as necessidades financeiras de um negócio.

Plano operacional: descrição da forma como serão realizados os processos num empreendimento.

Ponto de equilíbrio: nível de vendas em que a receita da empresa é igual aos custos totais desta.

Preço: aquilo que se deseja receber em troca da venda de um produto/serviço.

Previsão de vendas: projeção de quanto será comprado por um mercado num determinado período de tempo.

Produto: pacote de benefícios oferecido aos clientes.

Promoção: modo de atingir o mercado-alvo, no que diz respeito a um produto/serviço.

Propaganda: apresentação de uma ideia por meio da mídia.

Qualidade: satisfação das necessidades dos clientes com um produto/serviço.

Receita de vendas: valor monetário proveniente da venda de um produto/serviço.

Retorno sobre o investimento: mede a rentabilidade de um negócio.

Segmentação de mercado: divisão de um mercado em grupos menores que tenham necessidades diferentes.

Sociedade: forma de negócio, composta por duas ou mais pessoas.

Taxa de juros: representação percentual ou unitária da remuneração de um capital.

Taxa interna de retorno: método da Matemática Financeira para cálculo do retorno do investimento de um determinado negócio.

Vantagem competitiva: ideia melhor que a de seu concorrente.

Referências

ACP – Associação Comercial do Paraná. Comércio de Curitiba. **Revista do Comércio**. Disponível em: <http://www.acp.org.br/html/frames/revista.htm>. Acesso em: 18 jun. 2006.

BERNARDI, L. A. **Manual de empreendedorismo e gestão**. São Paulo: Atlas, 2003.

_____. **Manual de plano de negócios**: fundamentos, processos e estruturação. São Paulo: Atlas, 2006.

BIAGIO, L. A.; BATOCCHIO, A. **Plano de negócios**: estratégia para micro e pequenas empresas. São Paulo: Manoele, 2005.

BIZZOTTO, C. E. N. **Plano de negócios para empreendimentos inovadores**. São Paulo: Atlas, 2008.

BULGACOV, S. **Manual de gestão empresarial**. São Paulo: Atlas, 2006.

CASTOR, B. V. J. **Estratégias para pequena e média empresa**. São Paulo: Atlas, 2009.

CERTO, S. C.; PETER, J. P. **Administração estratégica**. São Paulo: Makron Books, 1999.

CHER, R. **O meu próprio negócio**. São Paulo: Negócio, 2002.

DEGEN, R. **O empreendedor.** São Paulo: Makron Books, 1989.

DOLABELA, F. **O segredo de Luísa.** São Paulo: Cultura, 2004.

DORNELAS, J. C. A. **Empreendedorismo**: transformando ideias em negócios. Rio de Janeiro: Campus, 2001.

GITMAN, L. J. **Princípios de administração financeira**. São Paulo: Pioneira, 2004.

GRACIOSO, F. **Marketing estratégico**: planejamento estratégico orientado para o mercado. 6. ed. São Paulo: Atlas, 2007.

HOJI, M. **Administração financeira**: uma abordagem prática. São Paulo: Atlas, 2006.

IBGE – Instituto Brasileiro de Geografia e Estatística. **População residente, por sexo e situação de domicílio, população residente de 10 anos ou mais de idade, total, alfabetizada e taxa de alfabetização, segundo os Municípios**. Disponível em: <http://www.ibge.gov.br/home/estatistica/populacao/censo2000/universo.php?tipo=31o/tabela13_1.shtm&paginaatual=1&uf=41&letra=C>. Acesso em: 10 out. 2011.

IPPUC – Instituto de Pesquisa e Planejamento Urbano de Curitiba. **Indicadores de desenvolvimento de Curitiba**. Disponível em: <http://ippucnet.ippuc.org.br/Bancodedados/Curitibaemdados/anexos/2008_Indicadores%20-%20Demografia.pdf>. Acesso em: 11 out. 2011.

KOTLER, P. **Administração de marketing**. São Paulo: Pearson, 2006.

_____. **O marketing sem segredos.** São Paulo: Bookman, 2005.

LENZI, F. C. **Nova geração de empreendedores:** guia para elaboração de um plano de negócios. São Paulo: Atlas, 2009.

LONGENECKER, J.; MOORE, C. W.; PETTY, J. W. **Administração de pequenas empresas**. São Paulo: Makron Books, 1997.

OLIVEIRA, D. P. R. de. **Administração estratégica**. 6. ed. São Paulo: Atlas, 2009.

_____. **Planejamento estratégico**: conceitos, metodologia e práticas. 18. ed. São Paulo: Atlas, 2002.

PRIMEIRA LEITURA. Turismo em Curitiba. Disponível em: <http://www.primeiraleitura.com.br/auto/index.php>. Acesso em: 17 jun. 2006.

SAMAÚMA. Histórico de Curitiba. Disponível em: <http://www.samauma.com.br/samauma/ao1117historiacuritiba.htm>. Acesso em: 16 abr. 2006.

SEBRAE – Serviço Brasileiro de Apoio às Micro e Pequenas Empresas. **Bar**. Disponível em: <http://www.sebrae.com.br/br/parasuaempresa/registrodeempresas_1671.asp>. Acesso em: 17 jun. 2006.

_____. **Caracterização do comércio**. Disponível em: <http://www.sebrae.com.br/br/parasuaempresa/registrodeempresas_1671.asp>. Acesso em: 15 jun. 2006.

_____. **Critérios e conceitos para classificação de empresas**. Disponível em: <http://www.sebrae.com.br/uf/goias/indicadores-das-mpe/classificacao-empresarial>. Acesso em: 10 out. 2011.

SEIFFERT, P. Q. **Empreendendo novos negócios em corporações**: estratégias, processos e melhores práticas. 2. ed. São Paulo: Atlas, 2008.

SILVA, J. P. da. **Análise financeira das empresas**. São Paulo: Atlas, 2001.

TOLEDO, G. L.; OVALLE, I. I. **Estatística básica**. São Paulo: Atlas, 2000.

XAVIER, K.A.S.F. **Comparação entre os serviços do Sesi alimentação com os demais centros de eventos de Curitiba**. 2007. 45 f. Monografia (Gerencialmento de Alimentos e Bebidas) – Universidade do Sul de Santa Catarina, Florianópolis, 2007. Disponível em: <http://busca.unisul.br/pdf/91980_Karin.pdf>. Acesso em: 10 out. 2011.

Respostas

Capítulo 1
Questões para revisão

1. Planejamento é um processo desenvolvido para alcançar uma situação desejada, de modo eficaz, com aproveitamento máximo dos recursos disponíveis.

2. Planejamento estratégico pode ser considerado como um processo administrativo, formalizado num documento, que estabelece a melhor direção a ser seguida por uma organização.

3. O plano de negócios.

4. Sumário executivo, definição da empresa, plano de *marketing* e plano financeiro.

5. Primeiramente, pela definição do produto/serviço e, logo após, pela análise de mercado.

6. Geralmente, não. O tamanho do plano está diretamente relacionado à necessidade de detalhamento das partes do negócio. Não necessariamente um plano de negócios eficiente é aquele que tem muitas páginas.

7. O plano de negócios tem várias finalidades. A busca de investidores, de financiadores, de sócios ou parceiros para o negócio, mas, acima de tudo, o plano deve ser

escrito como "plano de voo" para o empreendimento e, neste caso, o próprio empreendedor é a pessoa com o maior interesse na leitura e no acompanhamento desse plano.

Capítulo 2
Questões pra revisão

1. A ideia tem por base o conceito do produto/serviço, os diferenciais e as características específicas que este apresenta. Já a oportunidade está associada ao mercado, a um setor específico, às necessidades que os produtos existentes não atendam.

2. O primeiro passo para podermos avaliar uma oportunidade é verificar se existem necessidades dos consumidores que não são atendidas por outros produtos/serviços já existentes no mercado. Para isso, é necessário conhecer o cliente, suas necessidades e suas aspirações. Outro ponto importante é conhecer seus concorrentes, pois eles podem ser e, certamente, serão limitadores de sua atuação. A questão financeira também é crucial para avaliar uma oportunidade. É preciso saber se o negócio trará retorno, pois de nada adianta ter um produto no mercado que não traga retorno financeiro.

3. A princípio, a resposta é sim, pois no desenvolvimento do plano teremos de buscar informações sobre vários aspectos do negócio, o que fará com que a avaliação de uma oportunidade seja completa, já que as informações necessárias estarão inseridas no plano.

4. O estudo de mercado em cima da definição de seu produto/serviço é a parte inicial de um plano de negócios. É preciso pesquisar a respeito do mercado, dos clientes, dos fornecedores e dos concorrentes e fazer um esboço de tudo quanto foi pesquisado.

Capítulo 3
Questões para revisão

1. Saber determinar, através da definição de nosso produto/serviço, qual mercado queremos atingir pode facilitar o estudo desse mercado. Ele pode ser subdividido em setores de atividade e cada setor possui características diferenciadas em relação aos clientes, aos fornecedores e aos concorrentes. Desse modo, com base num bom enquadramento de nosso produto/serviço nesses setores delimitaremos o raio de atuação, simplificando o estudo de mercado.

2. Com base no enquadramento do produto/serviço, devemos começar com uma visão macroeconômica desse mercado. Políticas econômicas e fiscais que possam vir a afetar nosso negócio, estratégias de atuação das outras empresas do setor e comportamento dos clientes podem nos ajudar a definir as nossas estratégias de atuação. Após delinearmos a visão macroeconômica, podemos aprofundar a busca de informações, focando, especificamente, nos clientes, fornecedores e concorrentes.

3. A melhor maneira de conhecermos nossos prováveis clientes é por meio de pesquisa. Pesquisas direcionadas para entendermos suas necessidades, seu comportamento, o que influencia a decisão de compra, as formas de consumo e as tendências futuras são pontos que precisamos conhecer bem. Nossas vendas e, consequentemente, o sucesso de nosso negócio dependem desse conhecimento.

4. Primeiramente, é preciso que saibamos determinar quem são nossos concorrentes diretos e indiretos. Em seguida, por meio de observação e pesquisa, podemos definir os pontos fortes e os fracos de nossos

concorrentes em relação aos nossos, o que permitirá traçarmos estratégias de atuação, valorizando o que temos de bom em relação à concorrência e capitalizando sobre elas.

5. Os fornecedores têm uma grande influência sobre o nosso negócio. Qualquer interrupção de fornecimento pode ocasionar a suspensão de nossas operações, fazendo com que não possamos disponibilizar o produto final aos clientes, ocasionando, de forma indireta, um grave problema para a nossa empresa. A qualidade dos insumos fornecidos e o tempo de entrega são os principais fatores que devemos avaliar com relação aos nossos fornecedores.

Capítulo 4
Questões para revisão

1. A melhor ferramenta para posicionarmos nosso produto/serviço no mercado é a matriz BCG. Seus quadrantes determinam a maior ou menor participação relativa de seu produto/serviço em relação ao potencial de crescimento desse mercado.

2. Posicionar o produto/serviço no mercado está diretamente relacionado ao direcionamento do produto para atender às necessidades de nossos prováveis clientes. Com base no posicionamento de nosso produto/serviço no mercado, podemos pensar em traçar as estratégias de participação nesse mercado.

3. As estratégias de *marketing* são os meios que a empresa deverá utilizar para levar seus produtos/serviços aos seus clientes ou consumidores. Elas se referem ao composto de *marketing*, *marketing mix* ou 4 Ps (produto, preço, praça ou ponto e promoção).

4. O preço deve ser definido levando-se em consideração não só a equação custo + lucro, mas também o preço cobrado pela concorrência, o valor agregado ao produto/serviço e o valor que o cliente vê no produto/serviço.

5. Para definirmos os meios de distribuição, temos de estar atentos às necessidades dos consumidores e à forma como a concorrência distribui seus produtos. Pode ser conveniente usarmos uma forma tradicional de venda, com um ponto de venda (loja), em que o cliente vem ao encontro do produto/serviço ou podermos levar ao cliente o produto/serviço, através de vendas por catálogo, internet e porta a porta.

6. A principal finalidade é a de tornar nosso produto/serviço conhecido pelos clientes. Para tanto, temos de nos preocupar em fixar a imagem do produto em sua mente, facilitando a decisão de compra no momento de necessidade.

Capítulo 5
Questões para revisão

1. Se a opção de nosso empreendimento é a de trazer os clientes até nosso produto, a localização de nossa empresa é fundamental para que possamos atrair esses clientes. Pontos como fácil acesso, grande fluxo de pessoas, facilidade de estacionamento, entre outros, podem criar diferenciais para que isso ocorra.

2. Se o local escolhido não possuir uma infraestrutura básica, de acordo com as necessidades do negócio, poderemos ter nossos custos aumentados com os ajustes necessários para que a empresa possa funcionar. Temos de ter cuidado, principalmente, com as questões legais de ocupação, pois dependendo do tipo de negócio, poderemos retardar ou inviabilizar a implantação da empresa no local escolhido.

3. O processo de seleção de pessoal é o primeiro passo para que possamos ter as pessoas que precisamos para cada área da empresa.

Após a contratação, uma boa forma de melhorarmos a qualidade de nossa mão de obra é realizar treinamentos, pois só assim poderemos ajustar as pessoas às nossas reais necessidades.

4. Os planos operacionais são definidos com base em variáveis quantitativas, permitindo estruturar a empresa de acordo com o que foi planejado. Projeções de quantidades produzidas ou vendidas pela empresa determinarão questões como tamanho da organização, infraestrutura, quantidade de funcionários necessária, entre outros fatores que influenciarão diretamente a parte operacional da empresa.

Capítulo 6
Questões pra revisão

1. Os cálculos a serem utilizados para determinar a viabilidade financeira de um empreendimento são: taxa interna de retorno (TIR), valor presente líquido (VPL) e prazo de retorno do investimento.

2. O fluxo de caixa ou o orçamento de caixa é a ferramenta financeira que devemos estruturar para podermos obter os dados de retorno financeiro de um investimento.

3. Para montarmos um fluxo de caixa ou um orçamento de caixa, precisamos detalhar as receitas e as despesas que existirão em nossa empresa. A partir da subtração das despesas de todas as receitas obtidas, teremos um saldo de caixa, que determinará as necessidades de recursos da empresa ou as sobras de caixa em determinados períodos de tempo.

4. As principais demonstrações financeiras de uma empresa são o balanço patrimonial, a demonstração de resultados do exercício, a demonstração de origens e aplicações de recursos e a demonstração de lucros e prejuízos acumulados. Elas permitem, através de sua estrutura e dados, ter o controle de todas as informações financeiras da empresa, servindo como base para a tomada de decisões.

Capítulo 7
Questões para revisão

1. O sumário executivo é um miniplano de negócios e, geralmente, é a primeira parte a ser lida quando o plano é apresentado a investidores, financiadores ou parceiros em potencial. Tem a função de atrair a atenção do leitor para o que virá na sequência do plano. Por isso, escreva o sumário executivo com clareza, mostrando os pontos positivos do negócio.

2. As principais definições que devemos considerar ao descrevermos a empresa são a forma como ela será constituída, a estrutura (física, recursos humano e operacional) e como a empresa desenvolverá as atividades (plano operacional).

3. O plano de *marketing* é composto pela análise de mercado, realizada por meio da pesquisa de mercado e da matriz SWOT, além das estratégias de *marketing*, definidas pelo composto de *marketing* ou 4 Ps e pela matriz BCG. Sua importância está na definição de todo o empreendimento em relação ao potencial de mercado para o produto/serviço em questão e como atingir os clientes.

4. A finalidade do plano financeiro é demonstrar em números, por meio de projeções de resultados, o que foi definido no plano de marketing. Sua importância se traduz nos resultados financeiros finais do negócio, ou seja, a viabilidade financeira do empreendimento.

Sobre o autor

Paulo Ricardo Zavadil é graduado em Administração de Empresas pela Faculdade de Administração e Economia – FAE, atualmente FAE Centro Universitário, de Curitiba (1989), especializado em Administração de Empresas, pelo Instituto Superior de Pós-Graduação – ISPG (1990) e em Finanças, pelo Instituto Brasileiro de Executivos de Finanças – Ibef (1992), além de ter frequentado vários cursos de extensão e aperfeiçoamento na área de finanças corporativas. Atualmente, é coordenador e professor dos cursos superiores de Administração de Empresas e Tecnologia em Gestão Financeira da Faculdade Bagozzi e professor de disciplinas das áreas financeira e de gestão, em cursos de pós-graduação de diversas instituições educacionais de Curitiba.

Os papéis utilizados neste livro, certificados por instituições ambientais competentes, são recicláveis, provenientes de fontes renováveis e, portanto, um meio responsável e natural de informação e conhecimento.

FSC
www.fsc.org
MISTO
Papel produzido a partir de fontes responsáveis
FSC® C103535

Impressão: Reproset
Janeiro/2023